Acheter, c'est voter

De la même auteure

Une cause café. Pour le commerce équitable
Montréal, Les Intouchables, 1997 (épuisé)

Coffee with Pleasure. Just Java and World Trade
Montréal, Black Rose Books, 2002

*L'envers de l'assiette
Et quelques idées pour la remettre à l'endroit*
Montréal, Éditions Écosociété, 2003

Acheter, c'est voter. Le cas du café est la traduction par Louise Laplante de *Coffee with Pleasure. Just Java and World Trade*, que l'auteure, Laure Waridel, a bonifiée à la suite de nouvelles recherches et d'un récent séjour à la coopérative productrice de café biologique et équitable UCIRI, au Mexique.

Laure Waridel

Acheter, c'est voter
Le cas du café

Traduction: Louise Laplante
Révision linguistique: Nathalie Freitag
Photo de la couverture: Éric St-Pierre
Photos des pages intérieures: Hugo Latulippe, Éric St-Pierre, Laure Waridel
Typographie, graphiques, cartes, mise en pages: Nicolas Calvé
Direction éditoriale: Colette Beauchamp

Tous droits de reproduction et d'adaptation réservés; toute reproduction d'un extrait quelconque de ce livre par quelque procédé que ce soit, et notamment par photocopie ou microfilm, est strictement interdite sans l'autorisation écrite de l'éditeur.

Cet ouvrage constitue la traduction, publiée en vertu d'un accord avec l'auteure, de *Coffee with Pleasure. Just Java and World Trade*, Montréal, Black Rose Books, 2002. © Laure Waridel, 2002.

Pour cette édition: © Les Éditions Écosociété, Équiterre et Laure Waridel, 2005.

LES ÉDITIONS ÉCOSOCIÉTÉ
C.P. 32052, comptoir Saint-André
Montréal (Québec) H2L 4Y5

ÉQUITERRE
2177, rue Masson, bur. 317
Montréal (Québec) H2H 1B1

Dépôt légal: 1er trimestre 2005
ISBN 2-923165-06-3

IMPRIMÉ AU CANADA

Les Éditions Écosociété et Équiterre remercient Oxfam Québec et le Centre de recherches pour le développement international (CRDI) de leurs contributions à la publication de ce livre.

Nous remercions le Conseil des Arts du Canada de l'aide accordée à notre programme de publication ainsi qu'à la traduction de cet ouvrage. Nous reconnaissons l'aide financière du gouvernement du Canada par l'entremise du Programme d'aide au développement de l'industrie de l'édition (PADIE) pour nos activités d'édition.

Nous remercions le gouvernement du Québec de son soutien par l'entremise du Programme de crédits d'impôt pour l'édition de livres (gestion SODEC), et la SODEC pour son soutien financier.

Para Adela
et à toutes les Adela

Remerciements

Merci...

À l'Unión de Comunidades Indígenas de la Región del Istmo (UCIRI), tout particulièrement à Adela Gusmán López, Félix Terán Mendoza, Rosanalia, Juana Aparisio Cruz, Franz Vanderhoff, Isaías Martínez Morales, Xavier Eleuterio Cabadilla, Roberto Raygoza, de même que Luis Martínez Villanueva, Juliesa Cabrera Vásquez, Jesús Antonio Ramírez, Mauricio Martínez Juan, Clesilia Jíménez Orozco, Salvador Hernandez Yañez, Josefa Garcia Canseco, Mirma Cabadilla Gomez et toute l'équipe de l'école d'agriculture, enseignants comme étudiants. Je remercie aussi Agustin Toledo Flores et Protacio Venegas Cordero du Conseil d'administration de l'UCIRI, Ubelia Altamirano Escobar, Guadalupe Quiroz Jiménez, Armida Sánchez López, Hernán Martínez Morales, Gregorio De Anda, Aurora Juarez, Feliciano Martínez Rufino Modesta Jufina Flores, Pedro Figero Chavez, Elsa Vasquez Lucas, Clerserio Villanueva, José Eli Jiménez Orozco et tous ceux et celles dont les froncements de sourcils autant que les sourires ont inspiré les pages qui suivent.

À Isabelle St-Germain et Carle Bernier-Genest d'Équiterre, Dario Lezzoni d'Oxfam Québec, Caroline Whitby de TransFair Canada, Monique Jeanmart, Louis Chauvin, Karine Filliatrault, Jean Lapalme,

Hugo Latulippe et Manon Duhamel pour avoir lu et commenté ce manuscrit. Merci pour votre précieux appui.

À mes collègues et amis d'Équiterre dont Sidney Ribaux, Murielle Vrins, Isabelle Joncas, Frédéric Paré, Doris Hamelin, Nadine Bachand, Normand Roy et tous ceux et celles qui mettent leur tête, leur cœur et leurs actions au service de la planète et de ses habitants. Merci d'exister.

À Oxfam Québec, particulièrement à Luc Richard et Mohammed Chikaoui pour votre engagement à l'endroit du commerce équitable et de la solidarité internationale dans tous ses sens. Merci pour votre appui à ce projet de livre et de tournée québécoise.

Au Centre de recherches pour le développement international (CRDI) et à Gisèle Morin Labatut pour leur soutien financier. Soutien qui m'a permis de pousser encore plus loin mes connaissances et ma compréhension des enjeux entourant la mondialisation et le commerce équitable.

À l'équipe des Éditions Écosociété, particulièrement à Julie et Serge Mongeau pour leur formidable engagement, de même qu'à Louise Laplante, Colette Beauchamp, Nicolas Calvé et Nathalie Freitag.

À Éric St-Pierre pour ses magnifiques photos et son texte sur les autochtones de l'Isthme.

À Marie-France Bazzo, Danielle Leblanc, Catherine Bureau, Jacquelin Castonguay et à l'équipe d'*Indicatif présent* pour avoir cru en moi. Merci de m'avoir permis de parler aussi librement sur les ondes de Radio-Canada. Grâce à cette chronique, « Acheter, c'est voter » est devenu un concept de plus en plus utilisé.

À tous les paysans, les citoyens et les entreprises qui font du commerce équitable une réalité.

Aux amours de ma vie, le grand et les petits, qui sauront se reconnaître. De même qu'à ma famille et à mes amis qui, de leurs mots et de leurs gestes, m'appuient solidement.

Table des matières

Avant-propos 13

Introduction
Au-delà d'un café 19
 La crise du café 22
 El Norte 23
 Les impacts écologiques de la crise du café 24
 Remédier à la crise 25

Chapitre premier
Le contexte mondial 27
 Croître ou ne pas être 28
 Appauvrissement écologique 31
 La souveraineté de la croissance économique 32
 Colonialisme mental 33
 États et grandes entreprises : le même discours 34
 Propriété intellectuelle 35
 Quand prime le droit au profit des compagnies 36

Chapitre II
S'approprier la démocratie 39
 Acheter, c'est voter 42
 Quand l'éthique entre dans l'équation 44

Chapitre III
Les dessous de la machine à café 49
 L'histoire du café 50
 Le café au Mexique 51
 La culture du café 52
 Les coûts environnementaux du café 54

Chapitre IV
La route conventionnelle du café 61
    Les petits producteurs et les travailleurs agricoles 62
    De l'autre côté du grillage : une plantation 64
    Les commerçants locaux (les coyotes) 69
    Les transformateurs 70
    Les exportateurs 70
    Les courtiers en bourse 72
    Les importateurs 73
    Les torréfacteurs 73
    Les détaillants 76
    Les consommateurs 76
    Le café politique 77

Chapitre V
Une autre voie pour les paysans 83
    L'histoire de l'UCIRI 84
    Une démocratie participative 90
    Donner du temps 93
    De retour à Guadalupe après quelques années 94
    Les projets de l'UCIRI 98
    Ce que ces jeunes ont à nous dire... 100
    Se diversifier 105
    Un mouvement en plein essor 106

Chapitre VI
Le pouvoir des consommateurs 109
    Les origines du commerce équitable 109
    Une expérience qui fait boule de neige 110
    Les organisations de commerce équitable 111
    « Certifié équitable » 113
    Les logos du commerce équitable 114
    Le processus de certification du café équitable 115
    Le café équitable en Amérique du Nord 117
    Quand les géants s'en mêlent 121
    Les défenseurs du commerce équitable 123
    Choisir le meilleur café 126
    Sensibiliser les consommateurs 130

Chapitre VII
Juana 135

Conclusion
Résister à l'injustice 139

Notes 143

Bibliographie 155

Adresses utiles 167
    Dans Internet 167
    Où trouver du café équitable ? 170
    Pour s'impliquer 171
    Organismes de certification équitable 176

Avant-propos

Le jour se lève ou peut-être pas. Une tasse à la main, vous humez une odeur familière, celle du café. Vous êtes assis avec quelqu'un que vous aimez ou vous êtes seul dans vos pensées.

Si je vous disais que ce qui est dans votre tasse n'est pas que du café ? Si je vous disais qu'il s'agit aussi d'une somme d'interactions complexes entre les humains et l'environnement ? Des interactions qui ont cours depuis des millénaires. Il y a eu du soleil, de la terre et de l'eau. Puis, un arbrisseau a poussé jusqu'à devenir un caféier aux feuilles luisantes et aux petits fruits rouges dans lesquels se trouvent un ou deux grains. Découvrant l'arôme de ces derniers, une fois torréfiés et inondés d'eau bouillante, des humains en ont sélectionné les semences. Ils ont répandu cette plante originaire d'Afrique autour du globe dans des pays où il fait chaud. Dans des pays où encore aujourd'hui des gens travaillent dans des conditions difficiles pour peu d'argent.

Ainsi, sans que nous le réalisions, le café que nous buvons quotidiennement nous relie aux écosystèmes de même qu'à ces hommes, ces femmes et ces enfants qui cultivent, récoltent, dépulpent, font sécher, sélectionnent, emballent et transportent les grains au goût amer. Il nous relie aussi à ceux et celles qui en font le commerce, le torréfient, le moulent, l'emballent et le vendent. Le choix de notre café, tout comme celui des autres produits que nous consommons, a une incidence sur la planète et ses habitants. Nous, êtres humains, sommes liés d'un bout à l'autre de la planète. Notre survie dépend des écosystèmes, dont nous influençons l'état tous les jours. Voilà pourquoi nous pouvons utiliser le pouvoir de nos choix de consommation pour contribuer à un partage plus équitable des ressources et à un plus grand respect de l'environnement. Voilà pourquoi acheter, c'est aussi voter.

Il ne s'agit en fait que d'un moyen de plus pour exercer notre pouvoir politique au quotidien à travers chacun de nos gestes. La consommation responsable ne remplace évidemment pas l'existence de structures démocratiques. Elle les complète. La planète ne peut pas se payer le luxe d'une masse de citoyens pour qui la démocratie s'exerce seulement tous les quatre ans. Consommer a trop d'impacts pour que cela soit considéré comme un geste strictement individuel.

Ce livre présente le cas du café. Pour plusieurs d'entre nous, ce breuvage agit un peu comme une drogue chaque matin. Dans notre société à la course, il nous aide à nous réveiller. Quel délicieux plaisir!

Nous réveiller. C'est peut-être ce que le café peut faire de mieux dans le contexte plus large de l'économie mondiale et de l'exploitation environnementale et sociale qui s'y pratique. Il peut nous ouvrir les yeux sur des problèmes bien réels auxquels nous contribuons sans le vouloir. Ainsi, ce livre présente quelques éléments de solution que nous pouvons adopter afin d'apprécier encore davantage le goût du café. Il nous permet de réfléchir plus globalement aux impacts environnementaux et sociaux de chacun de nos choix de consommation. Ce livre porte donc sur le pouvoir, notre pouvoir à nous de changer le cours des choses.

Tombée dans le café équitable

Presque chaque fois que je bois un café, je pense à Adela, à Félix et à tous ces gens de la coopérative mexicaine UCIRI qui m'ont fait découvrir la culture biologique et le commerce équitable du café. Je revois leurs yeux pleins de fierté et leurs mains pleines de cals tant elles ont travaillé. Ce sont eux qui, en 1996, nous ont donné l'inspiration de démarrer une campagne sur le commerce équitable. Peu de gens connaissaient alors ce type d'échanges au Québec. Il n'y avait que deux points de vente de café équitable au Québec.

J'étais alors étudiante en sociologie et en étude du développement international à l'Université McGill. Je terminais mon bac avec de grandes désillusions. J'étais fâchée en fait. J'en avais contre l'hypocrisie de grandes institutions comme la Banque mondiale et le Fonds monétaire international (FMI), contrôlées par les intérêts des pays riches. Tant de gens qui prétendaient « aider » les pays en développement, mais qui, de leurs grands bureaux, imposaient des conditions qui plongeaient des populations encore davantage dans la dépendance et la pauvreté. Je nous trouvais arrogants. Nous « les riches », qui prétendons aider « les pauvres », alors que beaucoup plus de ressources et d'argent se déplacent du Sud au Nord que du Nord au Sud. Je me disais que la première étape était sûrement de cesser l'exploitation. J'avais envie de justice.

Je connaissais le commerce équitable, pour avoir vu certains produits Max Havelaar dans des supermarchés en Suisse. Je me demandais si ce type d'échanges avait vraiment un impact ou si c'était encore une histoire pour donner bonne conscience aux gens du Nord. Malgré ce questionnement, j'y entrevoyais du positif.

Il faut dire que quelques années plus tôt, alors étudiante au cégep Lionel-Groulx, j'avais eu la chance de participer à un stage au Burkina Faso. J'y avais rencontré un groupe de femmes du Sahel qui faisaient sécher des mangues au soleil, puis les exportaient directement en Suisse dans des magasins de commerce équitable. Je trouvais ces femmes belles avec leur grand sourire et leur boubou coloré. Elles avaient souvent un bébé accroché au dos ou une ribambelle d'enfants qui leur tournaient autour. Elles étaient dignes.

Quand en 1995, Éric St-Pierre, un ami photographe, m'a fait part de son envie de faire un reportage dans un pays du Sud, je lui ai parlé du commerce équitable et du café. Pourquoi le café ? Parce qu'il est presque exclusivement cultivé dans les pays du Sud et majoritairement consommé au Nord. Son parcours, de l'arbuste à la tasse, symbolise le partage inéquitable des richesses engendrées par le commerce Nord-Sud. Je m'intéressais déjà à la consommation responsable. Avec d'autres amis, j'ai participé à la création d'un mouvement appelé A SEED, qui aujourd'hui a pris le nom d'Équiterre. À cette époque, nous étions tous étudiants et bénévoles. Nous voulions changer le monde, rien de moins.

Éric et moi avons donc passé l'été suivant dans l'État d'Oaxaca au Mexique, là où est située la coopérative de café UCIRI. Nous avons eu le privilège de partager le quotidien d'hommes, de femmes et d'enfants autochtones. Ces Zapotèques, Mixes, Mixtèques et Chontales habitent les montagnes de l'Isthme depuis les temps précolombiens. Ils nous ont beaucoup enseigné. Avec les femmes, j'ai appris à laver le linge à la rivière autant que mes idées. J'ai ramassé et transporté du bois comme autant de bouts d'espoir pour un monde plus juste. Je me suis posé beaucoup de questions sur la signification du mot « développement ». À vrai dire, je me suis souvent sentie sous-développée. Mes connaissances et mes capacités de survie dans cet environnement étaient bien limitées. Mon bien-être quotidien dépendait de mille et un petits conforts superflus alors qu'eux me semblaient libres de tous ces besoins.

De retour au Québec, Éric et moi étions fermement décidés à faire avancer le commerce équitable. De nombreux bénévoles et des organismes-clés se sont joints au mouvement. Je pense aux Groupes de recherche et d'intérêt public (GRIP) des universités McGill, Concordia et de l'Université du Québec à Montréal de même qu'à Environnement Jeunesse (ENJEU). Je pense aussi à Oxfam Québec qui s'est tout de suite lancé dans l'aventure. Cet organisme a été le premier à véritablement organiser la distribution de café équitable au Québec. Il faut dire qu'à l'échelle internationale, les groupes Oxfam ont toujours joué un rôle de pionnier dans le développement du commerce équitable. Puis vint le Café Rico, le premier torréfacteur de café équitable à Montréal qui a su en inspirer bien d'autres. C'est donc grâce à l'engagement de nombreuses personnes, organisations et entreprises que petit à petit la campagne « Un juste café » d'Équiterre a pris son élan et s'est élargie. Elle a fait boule de neige.

Nous voici maintenant en 2005. Beaucoup plus de gens connaissent le commerce équitable. On compte aujourd'hui près d'une cinquantaine d'entreprises qui importent ou torréfient des cafés certifiés équitables au Québec et une soixantaine dans le reste du Canada. Il est maintenant possible de se procurer non seulement du café certifié équitable, mais aussi du chocolat, du thé, du sucre, du riz, de la crème glacée, des biscuits, des bananes, des savons, des ballons de sport et de l'artisanat. Le nombre de points de vente s'est multiplié. Il y en a plus de 1500 au Québec seulement. À la demande des consommateurs, de nombreux supermarchés et restaurants se sont mis à offrir des aliments certifiés équitables.

Bien que ce progrès fasse plaisir, le commerce dans son ensemble n'est pas pour autant devenu plus équitable. Un travail immense reste à faire afin que l'équité ne soit plus une alternative, mais une norme qui va de soi. Maintenant qu'une partie de la population est davantage sensibilisée aux enjeux, il faut aller plus loin. L'intérêt des universitaires, des politiciens, des journalistes et de la population en général doit être mobilisé davantage afin qu'un changement profond s'opère et se traduise en actions concrètes pour que le commerce soit équitable pour tous.

Sans être « la solution », le commerce équitable tel qu'il existe aujourd'hui offre des éléments de réflexion et d'action citoyennes. Il est avant tout l'amorce de transformations économiques, politiques et sociales plus profondes qui doivent être entreprises par les gouvernements. Ceux-ci ont le devoir de veiller à ce que le commerce ne soit plus une source d'exploitation sociale et environnementale, mais qu'il bénéficie équitablement à tous les citoyens.

Quelques années après avoir lancé la campagne « Un juste café » avec Équiterre, j'ai senti le besoin de pousser mes connaissances plus loin. J'avais envie d'approfondir ma compréhension non seulement du commerce international et de ses impacts, mais aussi des moyens de contribuer à sa transformation. Je suis donc allée faire une maîtrise à l'Université Victoria avec l'Eco-Research Chair of Environmental Law and Policy. À la suite de celle-ci, j'ai publié un livre, Coffee with Pleasure. *Vous en avez maintenant la version française entre les mains, que j'ai bonifiée à la suite de nouvelles recherches et d'un retour récent dans la coopérative UCIRI.* Acheter, c'est voter. *Le cas du café reprend aussi une partie du premier livre,* Une cause café, *publié par Les Intouchables en 1997. Celui-ci étant épuisé depuis belle lurette, mais encore très demandé, j'ai cru bon d'en inclure certains éléments dans ce nouvel ouvrage.*

Ici et là, j'ai intégré en italique des bouts de textes plus personnels. Au-delà des grands enjeux économiques, sociaux et environnementaux liés à la globalisation et au café, j'avais envie de vous faire connaître des gens comme Félix, Adela, Juana et quelques autres qui donnent le goût d'exister. Merci d'aller à leur rencontre.

Introduction
Au-delà d'un café

Pour des millions de gens, le café est un plaisir, un baume pour l'âme matinale encore endormie. Si nous lui permettons de nous ouvrir les yeux suffisamment, nous pourrons retracer son parcours à partir des montagnes de l'Amérique latine, de l'Afrique ou de l'Asie. Le présent ouvrage propose de vous transporter sur ces chemins, en passant par le Mexique. Vous y découvrirez les deux voies empruntées par le café pour parvenir jusqu'à nous : l'une conventionnelle et l'autre alternative.

La route principale du café, l'autoroute où circule la majeure partie du café que nous buvons, est un legs de l'époque coloniale. Le café est acheté à vil prix et revendu à prix fort, après être passé par une longue chaîne d'intermédiaires. Sur cette route parsemée d'inégalités, très peu de considération est accordée aux coûts environnementaux et sociaux. Ils ne sont d'ailleurs pas inclus dans les prix. Les économistes les qualifient d'externalités.

Les travailleurs des plantations de café gagnent en moyenne de un à trois dollars* par jour selon les pays. C'est-à-dire généralement moins de 1000$ par année[1]. En comparaison, le président-directeur

---

* Il est à noter que les sommes d'argent sont indiquées en dollars américains, à moins d'avis contraire.

général d'Altria, Louis C. Camilleri, reçoit annuellement plus de 15 millions de dollars en salaire, bonus et autres compensations[2]. Ainsi, il faudrait au moins 15 000 ans à un producteur de café pour obtenir ce que reçoit M. Camilleri en un an. Si le nom d'Altria ne vous dit rien, vous connaissez sans doute quelques-unes des 200 marques qui lui appartiennent, dont plusieurs cafés : Maxwell House, Nabob, Sanka, Yuban, General Food International Coffee, Blendy, Carte Noire, de même que tous les produits Kraft et Nabisco.

Un écart aussi considérable entre les conditions de différents acteurs commerciaux rappelle les inégalités du Moyen Âge. En un sens, les paysans des pays en développement sont devenus les serfs de quelques seigneurs du monde industrialisé. Cette situation ne prévaut pas seulement dans le secteur du café.

Globalement aujourd'hui, le cinquième le plus riche de la population mondiale accapare 86 % du PIB mondial. Quant au cinquième le plus pauvre, il se partage 1 % du PIB mondial : les miettes de la tarte[3]. Certains individus sont devenus plus riches que des pays entiers. Ainsi, les trois personnes les plus riches de la planète (Bill Gates, Warren Buffet et Karl Albrecht) ont ensemble un avoir qui excède la somme des PIB des 29 pays les moins développés[4], à savoir le Sierra Leone, le Niger, le Burkina Faso, le Mali, le Burundi, la Guinée-Bissau, le Mozambique, l'Éthiopie, la République centrafricaine, la République démocratique du Congo, le Tchad, l'Angola, le Malawi, la Zambie, la Côte d'Ivoire, la Tanzanie, le Bénin, la Guinée, le Rwanda, le Timor-Leste (ex-Timor-Oriental), le Sénégal, l'Érythrée, la Gambie, Djibouti, Haïti, la Mauritanie, Madagascar, le Yémen et le Kenya réunis. Ainsi, sur notre planète, la fortune de trois personnes est supérieure à celle réunie de 407 millions d'autres.

On constate que malgré la croissance économique mondiale, les citoyens de nombreux pays en développement n'ont pas vu leurs conditions de vie s'améliorer depuis les années 1960[5]. Pire encore, nombreux les ont vues se détériorer.

L'endettement a sans contredit été un facteur d'appauvrissement majeur pour la majorité des pays du Sud. Au cours des années 1970 et 1980, des milliards de dollars ont été empruntés à des institutions financières des pays riches au nom du développement des pays du Sud. Souvent dépensés pour des mégaprojets d'infrastructure ou même pour de l'armement, ces sommes ont généralement peu bénéficié aux populations locales.

Alors qu'en 1980, la dette de l'ensemble des pays en développement s'élevait à 609 milliards, 20 ans plus tard, elle atteignait 2492 milliards de dollars US[6]. Ainsi, malgré les milliards déjà remboursés au fil des ans, cette dette a quadruplé, notamment en raison de taux d'intérêt élevés et de taux de change défavorables.

La Banque mondiale et le Fonds monétaire international (FMI) exercent de fortes pressions sur les pays en développement pour qu'ils remboursent leurs dettes et libéralisent leur économie. On les encourage à privatiser. Ces institutions internationales, dirigées par les pays riches, les poussent à orienter leurs activités vers l'exportation plutôt que de chercher à répondre directement aux besoins des populations locales. Dans le secteur agricole par exemple, les grandes cultures d'exportation sont privilégiées, souvent au détriment de la sécurité alimentaire de leurs populations et de la diversité de leurs productions. Le service de la dette nécessite des devises étrangères. Pour en acquérir, il faut exporter, donc se plier aux règles du marché international. L'exemple du café est à cet égard éloquent.

Au cours des années 1990, la Banque mondiale a encouragé le Viêt-nam à augmenter sa production de café afin qu'il obtienne les devises nécessaires au remboursement de sa dette. De 1993 à 2003, ce pays a plus que quintuplé sa production, au point de gagner le troisième rang parmi les pays producteurs de café dans le monde[7]. Les marchés mondiaux se sont alors trouvés submergés, ce qui a provoqué une chute dramatique des prix, affectant jusqu'à aujourd'hui les producteurs de tous les continents.

Il faut aussi dire que jusqu'en 1989, le marché mondial du café était régulé par des accords internationaux. Les pays producteurs et consommateurs s'entendaient sur des quotas d'exportation. Prétextant la formation d'un minicartel latino-américain, les États-Unis, le plus gros consommateur de café au monde, se sont retirés de cet accord, provoquant son démantèlement et une chute des cours du café[8]. Tout récemment cependant, le gouvernement états-unien a annoncé son intention de se joindre à l'International Coffee Organization (Organisation internationale du café)[9]. Les groupes humanitaires comme Oxfam et Équiterre perçoivent positivement cette décision, qui, espèrent-ils, contribuera à faire de la crise du café un enjeu international et par là à susciter des actions concrètes.

Malgré ladite libéralisation des marchés, l'économie des pays les plus pauvres demeure fortement dépendante de l'exportation de quelques matières premières, surtout des produits agricoles et miniers. Ainsi, une cinquantaine de pays du Sud obtiennent plus de la moitié de leurs revenus d'exportation de seulement une à trois matières premières [10]. La chute de leurs cours sur les marchés mondiaux devient une catastrophe pour des millions de familles. Vulnérables, elles sont les premières à subir les aléas de marchés internationaux souvent volatils.

Quant au développement de leur marché intérieur, ces pays ont à faire face à la compétition déloyale de nombreux pays industrialisés, particulièrement dans le secteur agricole. La Banque mondiale estime à 300 milliards la somme annuelle accordée en subventions aux agriculteurs par les gouvernements du Nord [11]. Cela se traduit en perte de revenus de 60 milliards par année pour les petits producteurs des pays du Sud qui ne parviennent pas à concurrencer les produits du *dumping*. C'est plus que toute l'aide internationale accordée par les pays industrialisés et leurs agences aux pays en développement. Exemple de répercussion concrète des subventions accordées par les pays riches pour l'exportation : à Dakar, au Sénégal, le bœuf congelé européen coûte moins cher que le bœuf élevé localement [12]. Ce *dumping* contribue à la destruction des agricultures vivrières locales, ce qui affecte directement la sécurité alimentaire de populations déjà défavorisées.

Un autre irritant pour les « pays ressources » est la dégradation constante du rapport entre les prix des exportations de matières premières et ceux des importations de produits manufacturés. Ces États ont beau augmenter la quantité de leurs exportations de matières premières, leur pouvoir d'achat réel sur le marché international diminue. En 1980, par exemple, un producteur de café devait vendre environ 4 kg de café pour pouvoir acheter un couteau suisse. En 2001, il devait en vendre plus du double, soit plus de 10 kg, pour se procurer le même canif [13]. C'est ce qui s'appelle la détérioration des termes de l'échange.

La crise du café
La crise du café illustre bien la vulnérabilité de ceux et celles qui se trouvent au pied du système d'échanges. Au cours des dernières années, les prix — établis aux Bourses de New York et de Londres — ont chuté à un niveau plus bas que jamais en dollars constants [14]. De fait, ils sont au-dessous des coûts de production. Depuis 1997, ils

ont perdu 70 % de leur valeur. Au moment où j'écris ces lignes, des intermédiaires achètent le café des paysans mexicains pour environ 0,44 $ le kilo, tandis que les consommateurs nord-américains ou européens déboursent de 8 $ à 30 $ pour la même quantité. Dans une cinquantaine de pays, environ 25 millions de familles subissent les impacts douloureux de la crise du café. Nombreuses sont celles qui n'ont plus les moyens d'envoyer leurs enfants à l'école ni de payer pour des soins de santé [15]. Au même moment, en Occident, les entreprises multinationales vendant ce même café affichent fièrement des profits records. Les actionnaires du Nord sont heureux et les gestionnaires de fonds de pension aussi.

Pour de nombreuses familles paysannes d'Afrique, d'Amérique latine et d'Asie, le café est leur seule source de revenus. Il permet de payer l'école, de réparer la maison, d'acheter des aliments, des vêtements, des médicaments, etc. Devant la dégradation de la situation, et puisqu'il existe peu d'alternatives dans les campagnes, des milliers de personnes partent pour les zones industrielles de leur pays ou tentent d'émigrer là où se trouve la richesse.

El Norte

Dans les rues d'un village comme Motozintla, dans le sud du Chiapas au Mexique, des panneaux indiquent en grosses lettres : « Salidas a Tijuana. Pasaje 1300 pesos. Información aquí. » (Départs pour Tijuana, 1300 pesos. Information ici.) En espagnol, salidas veut aussi dire « portes de sortie ».

J'ai vu des gens partir, surtout de jeunes hommes, dont de nombreux papas. Autochtones pour la plupart, ils quittent leur famille et leur communauté pour se diriger vers el Norte, le Nord. Des sacs de jute destinés au café sont transformés en sacs de voyage. Ils sont remplis de quelques effets personnels et surtout d'espoir. L'espoir d'une vie plus facile pour eux, comme celle des gens à la télé, mais aussi l'espoir de pouvoir envoyer de l'argent à leur famille à défaut d'être présents.

Plus de 30 heures d'autobus les séparent de la zone franche de Tijuana et de ses maquiladoras. Ces usines profitent d'une main-d'œuvre bon marché et docile grâce à l'arrivée de paysans, souvent ignorants de leurs droits. Il s'agit généralement de filiales de multinationales ou de sous-traitants. Dans cette zone franche typique, la législation du travail est permissive.

Dans l'État du Chiapas seulement, on estime que chaque semaine, 500 familles de travailleurs de plantations s'exilent[16]. Des autobus entiers amènent directement les gens près de la frontière américaine. De nombreux travailleurs espèrent pousser leur rêve jusqu'aux États-Unis. Or, s'il est vrai que les marchandises peuvent facilement traverser les frontières en vertu de l'Accord de libre-échange nord-américain (ALENA), les Mexicains, eux, doivent rester derrière les barbelés des lignes américaines.*

Le 7 mai 2001, sept caféiculteurs mexicains de Veracruz sont morts dans le désert de l'Arizona alors qu'ils cherchaient à conjurer le mauvais sort de leur extrême pauvreté[17]. *Combien d'autres clandestins disparaissent? Plusieurs familles m'ont dit être sans nouvelles de proches qui étaient partis. Le gouvernement états-unien, tout en augmentant les mesures de sécurité pour garder les paysans à l'écart, libéralise le commerce afin d'accéder à leurs richesses. Le rêve américain n'a donc qu'une nationalité. Il doit être* Made in USA.

Les impacts écologiques de la crise du café

La crise mondiale du café n'a pas seulement des impacts sociaux et économiques. Elle a aussi un coût environnemental, surtout lorsque des forêts abritant les caféiers sont rasées.

Le café est généralement cultivé dans les montagnes, lieu où l'équilibre écologique est de facto fragile et où les sols sont particulièrement sensibles à l'érosion. Parce qu'en ce moment, le prix payé aux producteurs ne couvre pas les coûts de production, de nombreux caféiculteurs cherchent d'autres façons d'utiliser leurs terres. Certains abattent des arbres pour vendre le bois et louent leur terre à bas prix à des éleveurs. Ailleurs, des plantations de café sont converties en monocultures de canne à sucre ou de maïs. Avec le temps, la terre s'érode et la diversité biologique de ces milieux fragiles diminue.

La culture du café est pourtant relativement écologique lorsqu'elle est pratiquée à petite échelle. Au Mexique par exemple, les paysans cultivent généralement leur café sous couvert forestier, sans avoir recours à des produits agrochimiques. Ils contribuent ainsi à maintenir la biodiversité, ce qui n'est pas le cas des monocultures intensives ou des élevages des grands propriétaires terriens.

Remédier à la crise
Des changements s'imposent donc afin de contrer les effets néfastes de la production et du commerce conventionnel du café, exacerbés par la chute des prix. Afin d'entrevoir des pistes de solutions, la problématique doit être décortiquée.

Certaines actions sont d'ordre macroéconomique et relèvent de politiques internationales. D'autres sont à la portée des citoyens par le biais de choix de consommation qui favorisent le commerce équitable de même que l'agriculture biologique et sous couvert forestier. C'est surtout de ceux-ci dont il sera question dans ce livre. Mais d'abord, une présentation du contexte mondial s'impose.

Chapitre premier
Le contexte mondial

La définition littérale du mot démocratie, « gouvernement par le peuple », et celle d'Abraham Lincoln, qui la décrivait comme « le gouvernement du peuple, pour le peuple et par le peuple [1] », représentent un idéal. Au cours de l'histoire cependant, un large éventail d'interprétations en ont été faites par les classes gouvernantes en fonction de leurs intérêts propres [2]. Ainsi, les historiens donnent à la seconde partie du XVe siècle et au XVIe siècle en Europe le nom de *démocratie d'aristocrates* et au XVIIIe siècle celui de *démocratie de bourgeois* [3]. Associera-t-on un jour l'Occident de notre époque à une *démocratie de transnationales* ?

Il y a plus de 100 ans que les entreprises ont commencé à former une « classe sociale » dominante. Dès 1886, une décision de la Cour suprême des États-Unis reconnaissait les entreprises comme « personnes », en vertu de la Constitution américaine. Tel un individu en chair et en os, celles-ci acquéraient le droit de faire des affaires en leur nom propre, d'acquérir des biens, d'engager des travailleurs, de payer des taxes et d'aller en cour pour défendre leurs droits et intérêts [4].

De décision juridique en décision juridique, de nouveaux droits leur ont été accordés comme si elles étaient de véritables citoyens et ce, non seulement aux États-Unis, mais à l'échelle internationale. Les droits ainsi acquis par les entreprises ont accru leur pouvoir au sein de la société en facilitant l'établissement de mécanismes qui les aident à atteindre plus aisément leur principal objectif : réaliser des profits [5].

Aujourd'hui, le pouvoir économique des grandes entreprises dépasse celui de nombreux gouvernements, particulièrement celui des plus petits pays. Sur les 100 entités économiques les plus importantes de la planète, 51 sont ainsi des entreprises transnationales comparativement à 49 États [6]. À lui seul, le chiffre d'affaires de Wal-Mart est plus important que le PIB des 167 pays les plus pauvres de la planète.

Dans le secteur du café, Altria (Kraft), Nestlé, Sara Lee et Procter & Gamble se partagent plus de la moitié de la transformation et du négoce du café [7]. Chacune de ces entreprises transnationales a un revenu net supérieur au produit intérieur brut (PIB) de nombreux pays producteurs de café. Le chiffre d'affaires de Nestlé est 21 fois plus élevé que le PIB du Nicaragua, alors que celui d'Altria représente trois fois le PIB du Viêt-nam [8].

Croître ou ne pas être

Les États et les entreprises parlent désormais le même langage, prônant les uns comme les autres la croissance économique illimitée dans un marché mondial où la compétitivité et le profit sont devenus prioritaires. Ce modèle fait fi du fait que les ressources sont quant à elles limitées. Dans ce contexte, il est tenu pour acquis que le commerce mondial est créateur de richesse et donc bénéfique pour tous.

Au cours des 50 dernières années, une croissance économique et une explosion des mouvements de capitaux sans précédent ont effectivement eu lieu. Durant cette période, la somme du produit intérieur brut de l'ensemble des pays a plus que sextuplé en dollars constants, alors que la moyenne du PIB par habitant a presque triplé [9]. Chaque jour, plus de 1,5 billion de dollars sont échangés sur les marchés financiers mondiaux, et près d'un cinquième des produits et services qui sont créés chaque année font l'objet de transactions sur le marché international [10]. Aux yeux des décideurs et des entreprises qui croient au libre-échange, ces chiffres sont synonymes de croissance économique et donc de « progrès ». Croissance, certes, mais est-elle véritablement synonyme de progrès ?

Les inégalités entre les riches et les pauvres augmentent dans le monde. Même un fervent partisan des politiques commerciales néolibérales comme la revue *The Economist* reconnaît que la répartition des revenus est de plus en plus inéquitable [11]. Le Programme des Nations unies pour le développement (PNUD) rapporte que les pays de l'Organisation de coopération et de développement économique (OCDE), qui représentent moins du cinquième de la population mondiale, réalisent 71 % du commerce mondial de produits et services et 58 % des investissements étrangers directs [12]. Même si le PIB mondial a augmenté au cours de la dernière décennie, le revenu moyen par habitant dans 80 pays est inférieur à ce qu'il était il y a 10 ans.

Le PNUD souligne également l'augmentation rapide des fusions d'entreprises qui a pour effet de concentrer le pouvoir entre les mains de sociétés tentaculaires et d'éliminer la concurrence. De plus en plus d'industries subissent ainsi le contrôle oligopolistique de quelques conglomérats qui forgent de plus en plus d'alliances entre eux. Que ce soit dans le secteur des communications, de l'automobile, des banques, du pétrole, de l'agroalimentaire ou du pharmaceutique, partout le nombre d'acteurs diminue, les emplois aussi, mais les profits quant à eux augmentent. La concentration et la convergence des médias sont un exemple particulièrement inquiétant, puisqu'elles affectent directement la démocratie. Ce qui se passe dans l'agroalimentaire n'est guère mieux, sachant que cette industrie répond à un besoin essentiel, celui de fournir des aliments qui sont à la base de la vie.

Les noms et les marques ont beau être quasiment les mêmes qu'il y a 10 ans, ils appartiennent à un nombre plus restreint d'entreprises. Ainsi, que vous fassiez vos courses chez Provigo, Loblaw, Maxi, Votre Épicier, Proprio, Marché Plus, L'Intermarché, L'Économe, Jovi ou Axep, vous avez affaire à une seule et même compagnie : Loblaw, dont le siège social est à Toronto [13]. Que vous achetiez une voiture Saab, Buick, Cadillac, Chevrolet, GMC, Saturn, Hummer, Oldsmobile ou Pontiac, vous choisissez l'États-unienne General Motors [14]. Et ainsi de suite.

À l'échelle de la planète, 10 compagnies contrôlent 80 % du marché mondial des pesticides, 54 % de celui des biotechnologies et 53 % de celui des médicaments [15]. Une compagnie comme Novartis produit et vend à la fois des semences, des pesticides, des produits alimentaires et des médicaments [16].

Dans ce contexte, il est donc de moins en moins question de libre marché, puisqu'un nombre toujours plus restreint d'acteurs contrôlent les échanges commerciaux par secteur. Il serait plus juste de parler de libre exploitation. Dans des conditions oligopolistiques, les compagnies ont en effet le pouvoir d'établir des alliances qui leur permettent de contrôler le marché et d'exploiter les ressources d'un bout à l'autre de la chaîne économique et ce, de plus en plus librement grâce aux accords commerciaux internationaux. Elles ont beau générer des profits astronomiques, proportionnellement à leur taille, elles créent relativement peu d'emplois. Ainsi en 2002, les ventes totales des 500 entreprises les plus riches représentaient 43 % du PIB mondial, mais n'employaient que 1,6 % de la main-d'œuvre de la planète [17].

Adam Smith, considéré comme le père du libre-échange, avait observé en 1776 que « les gens qui pratiquent la même profession se rencontrent rarement, mais la conversation se termine toujours par une conspiration contre les prix [18]. » Smith avait prédit que les forces du marché joueraient en faveur du « progrès naturel », mais à condition que le marché ne soit pas contrôlé par une minorité. Une minorité est bel et bien en position de contrôle aujourd'hui.

En plus de leur pouvoir individuel, les entreprises s'unissent pour former de puissants groupes de pression, au sein de Chambres de commerce et de regroupements d'industriels tels que le Conseil canadien des chefs d'entreprise (CCCE), l'European-American Business Council (EABC) ou la Table ronde des industriels européens, pour n'en nommer que quelques-uns. Partout dans le monde, elles ont établi d'étroites relations avec les fonctionnaires et les gouvernements [19]. Elles préconisent la « croissance » économique « pour le bien de tous ».

En effet, pour la plupart des économistes, des décideurs et des citoyens, le PIB par habitant est considéré comme le principal indicateur non seulement de croissance économique mais aussi (et par le fait même) de santé et de progrès social. Notre bien-être collectif se résume donc souvent à une simple opération arithmétique : la valeur de la consommation intérieure additionnée aux investissements commerciaux, aux dépenses publiques et à l'exportation nette (exportations moins importations) [20].

Ainsi, les produits et services qui ne nécessitent pas de transaction financière ne contribuent pas à la croissance économique puisqu'ils n'entrent pas dans le calcul. C'est le cas des soins donnés par un parent qui choisit de rester à la maison pour s'occuper des enfants.

C'est le cas d'une rivière qui coule librement. C'est le cas d'une forêt non exploitée. C'est le cas de la vie lorsqu'elle n'est pas marchandée.

Par contre, selon ce calcul, les accidents de la route, la construction de prisons, l'achat d'armement tout comme la dépollution des lacs et des rivières contaminés contribuent à nous enrichir collectivement, puisqu'ils engendrent des dépenses monnayables et font croître le PIB.

Ainsi, dans le domaine de l'environnement, il semble généralement plus rentable, d'un point de vue strictement économique, de laisser causer certains dommages et d'y remédier par la suite que de les prévenir. Ce qui serait pourtant moins coûteux pour la collectivité. Il est intéressant de remarquer que les remèdes technologiques proviennent généralement d'entreprises privées, mais que les coûts tendent à être assumés par l'ensemble de la société, via les taxes et les impôts.

Appauvrissement écologique

Alors que le monde financier applaudit la croissance de l'économie mondiale, sur le plan écologique, la planète s'appauvrit. Les ressources naturelles sont consommées beaucoup plus rapidement qu'elles ne parviennent à se régénérer. En agriculture par exemple, le taux annuel d'érosion des terres dans le monde est de 18 à 100 fois plus élevé que la capacité du sol à se renouveler [21].

L'humain est responsable de la destruction de nombreux écosystèmes terrestres et aquatiques. Ses activités économiques affectent aussi l'état de l'atmosphère. La combustion d'énergies fossiles, la déforestation, l'extraction minière, l'industrie chimique, la surpêche et l'agriculture industrielle contribuent à la dégradation de l'environnement à différents niveaux.

Sur le plan climatique, les changements touchent l'ensemble de la planète, mais risquent d'affecter plus particulièrement les régions côtières, vulnérables à une élévation du niveau de la mer liée à la fonte de glaciers. Plusieurs pays en développement densément peuplés risquent d'être fortement affectés. Selon les experts, certains pays, comme le Bangladesh qui compte plus de 146 millions d'habitants, pourraient être submergés [22]. Les pays du Sud, qui émettent relativement peu de gaz à effet de serre par habitant comparativement aux pays du Nord, ne disposent généralement pas de ressources suffisantes pour faire face aux problèmes causés par les changements climatiques.

La transformation d'habitats sauvages en terres agricoles et industrielles est pour sa part reconnue comme l'une des principales causes de l'extinction d'espèces vivantes. Selon les spécialistes de la biodiversité, jusqu'à 10 000 espèces disparaissent chaque année [23]. Ces derniers estiment qu'au cours des trois prochaines décennies, 20 % des espèces sur notre planète auront cessé d'exister.

La santé humaine est elle aussi menacée par la pollution. Nos enfants font de l'asthme et développent des allergies comme jamais auparavant. Divers produits chimiques, tels que les polluants organiques persistants (POP), perturbent l'équilibre hormonal, provoquant des effets en cascade sur la santé. Ils affectent non seulement le système reproducteur, mais aussi le système immunitaire de même que les facultés intellectuelles [24]. Ainsi, un nombre croissant d'études médicales et toxicologiques établissent des liens entre la présence de polluants dans l'environnement et l'apparition d'une panoplie de troubles et de maladies, tels que les cancers du cerveau, du sein, de l'estomac, de la prostate et des testicules, la leucémie infantile, la baisse de fécondité, les lésions à la thyroïde et à l'hypophyse, la diminution des réactions immunitaires, des anomalies du développement ainsi que des problèmes de comportement [25].

En polluant et détruisant les bases de la vie sur la Terre, l'humain met en péril sa propre qualité de vie, voire sa survie. La situation est telle que l'éminent scientifique Hubert Reeves écrit : « Personne ne peut affirmer que l'humanité sera encore présente en 2100 [26] ».

La souveraineté de la croissance économique
La croissance économique à tout prix est devenue une fin en soi plutôt qu'un moyen d'assurer le bien-être de la population. On tend à faire fi de ce qui n'est pas économique. Les accords commerciaux qui contribuent à la croissance économique en sont venus à éroder le rôle traditionnel de l'État qui consiste à veiller à l'intérêt de ses citoyens et à protéger le pays (ce qui devrait inclure les écosystèmes). Paradoxalement, la « souveraineté » du marché contrôlé par le secteur privé s'est imposée grâce à la complicité des gouvernements les plus puissants. À l'heure actuelle, les dirigeants politiques accélèrent le processus de globalisation en concluant des ententes internatio-

nales de libre-échange qui réduisent leurs propres capacités d'intervention.

Dans le contexte d'une interdépendance croissante des nations, les concepts d'autonomie et de frontières nationales se vident de contenu[27]. Par le passé, l'État était perçu comme un corps politique exerçant une souveraineté sur son territoire et l'ensemble des activités qui s'y déroulent[28]. Aujourd'hui, cependant, la spécialisation des économies nationales, combinée aux nouveaux règlements internationaux, restreint le pouvoir de la grande majorité des gouvernements nationaux de choisir leur propre système économique ou même d'administrer leur économie nationale en fonction de leurs besoins sociaux et environnementaux[29].

L'interdépendance, voire la dépendance économique des États tend à compromettre leur autonomie politique. Ils se prennent au jeu de la compétitivité mondiale et de la course à la productivité et au profit des entreprises[30]. Ainsi, au fur et à mesure que les États renoncent à leur autorité à l'intérieur de leurs frontières, le concept de souveraineté nationale s'effrite. Par ailleurs, on observe que les frontières nationales s'ouvrent de plus en plus aux produits et aux services mais non aux personnes, hormis au sein de l'Union européenne pour les citoyens des pays membres.

Colonialisme mental

À l'ère de la mondialisation de l'économie — comme durant la période coloniale — la domination à l'échelle mondiale demeure l'ambition de nombreux États. La stratégie privilégiée s'appuie cependant davantage sur le marketing des entreprises que sur les guerres de tranchées. Aujourd'hui, les logos des grandes marques, plus que les drapeaux, symbolisent la conquête[31].

Guidées par leurs intérêts économiques, les grandes entreprises des pays riches cherchent à charmer les citoyens, de plus en plus considérés comme des consommateurs avant tout. Elles ont grand recours à la publicité qui parvient presque à nous convaincre que nous sommes ce que nous achetons[32].

Ainsi, petit à petit, notre espace mental est colonisé. De puissantes stratégies de commercialisation, étroitement amalgamées à la culture populaire, altèrent notre manière de penser de même que notre mode de vie. L'industrie cinématographique et la télévision américaines sont de puissants véhicules qui diffusent à travers la planète les images d'une culture de surconsommation présentée comme une recette de bonheur garantie. La fièvre acheteuse prend des allures d'épidémie chez les nantis. Aux États-Unis, chaque année, il y plus de gens qui font faillite que de nouveaux diplômés universitaires. Dans ce pays, il y a 2,5 fois plus de centres commerciaux que d'écoles secondaires[33]. Puisque la production de biens et de services nécessite des ressources, notre consommation a des conséquences directes sur l'état de l'environnement.

États et grandes entreprises : le même discours

Les États se font même de plus en plus ouvertement les porte-parole des grandes entreprises. Ils facilitent leur course au profit par l'entremise de « missions commerciales » et d'accords de libre-échange. Cette complicité est apparue clairement lors de la réunion ministérielle de l'OMC à Seattle, en 1999, et lors de la rencontre pour la Zone de libre-échange des Amériques (ZLÉA) à Québec, en 2001.

À la première conférence de presse organisée par le gouvernement canadien à Seattle, la liste de personnes ou d'organismes-ressources distribuée aux médias ne comprenait que des associations de chefs d'entreprises et des représentants du gouvernement canadien[34]. Il était donc facile pour les journalistes d'obtenir l'opinion du secteur privé. En revanche, aucun contact d'organismes consacrés à la défense des droits des travailleurs, de la justice sociale ou de l'environnement n'était transmis. Ces organisations de la société civile étaient pourtant fortement présentes à Seattle et en contact avec le gouvernement sur lequel elles faisaient pression.

Lors du Sommet des Amériques, tenu dans la ville de Québec, un mur a été érigé pour garder les citoyens hors de l'enclave où avaient lieu les négociations sur l'établissement de la ZLÉA. Les entreprises, par contre, y avaient accès. De grandes sociétés privées telles que Bombardier (dont la division aéronautique comporte également des activités de services à la défense) ou l'aluminerie Alcan pouvaient communiquer avec les représentants des gouvernements de toute l'Amérique (sauf Cuba) en commanditant des petits-déjeuners ou des cocktails à des coûts allant de 50 000 à 1,5 million de dollars[35]. Au même moment, on retrouvait à l'extérieur du « périmètre de sécurité » quelque 60 000 citoyens de divers horizons qui désiraient discuter des enjeux entourant la ZLÉA avec ceux qu'ils avaient élus.

Loin d'être conclus dans la transparence, les accords commerciaux comme ceux de la ZLÉA, de l'OMC et de l'ALENA accélèrent la passation de pouvoirs entre l'État et les grandes entreprises. Le mystère dont s'entourent les négociations commerciales tient les citoyens — voire la plupart des représentants élus — à l'écart du processus décisionnel. Ces ententes prévoient un arbitrage exécutoire entre les États de sorte que le commerce a priorité sur tous les autres enjeux.

Les accords de l'OMC n'incluent d'ailleurs aucune norme minimale pour protéger l'environnement, les droits de la personne et des travailleurs ou la diversité culturelle. Leur portée est telle qu'ils restreignent le pouvoir de législation des gouvernements dans les domaines de la culture, de la santé, de l'éducation, de l'environnement, de l'agriculture et des ressources naturelles, pour ne nommer que ceux-là [36]. Renato Ruggiero, ancien directeur de l'OMC, a d'ailleurs énoncé sans ambages l'objectif de l'organisation : « Nous ne parlons plus d'élaborer des règles d'interaction entre les économies nationales. Nous rédigeons la constitution d'une économie mondiale unique [37]. » Le marché international, contrôlé par une minorité de multinationales, est devenu le nouvel empereur.

Dans le cadre de cette constitution mondiale, des décisions qui ont des répercussions sur des millions de personnes sont prises non pas par les gouvernements — et encore moins par les institutions locales — mais par des organismes œuvrant à l'extérieur des frontières nationales. D'importants pouvoirs sont transférés à des entités internationales non élues, ce qui rend pratiquement impossible l'intervention directe des citoyens. C'est le cas des décisions prises à Genève par les bureaucrates de l'OMC.

Propriété intellectuelle

L'Accord sur les aspects des droits de propriété intellectuelle qui touchent au commerce (Accord sur les ADPIC) négocié sous l'égide de l'OMC illustre les risques posés par cette nouvelle constitution internationale. En autorisant le brevetage du vivant, l'OMC permet aux entreprises des pays riches de devenir propriétaires de semences, de plantes et de gènes des pays du Sud. Le système des brevets accorde donc des droits exclusifs sur l'objet du brevet, ce qui signifie que son détenteur, généralement une compagnie multinationale, a le droit d'empêcher toute autre personne d'utiliser, de fabriquer ou de vendre l'objet du brevet et ce, durant 20 ans [38].

Par le biais de cet accord, l'OMC annule les droits acquis de longue date par les paysans. Elle permet à des compagnies multinationales d'extorquer aux communautés locales des pays les plus pauvres le contrôle sur leurs ressources biologiques et connaissances traditionnelles [39]. Cette monopolisation du bien commun est ce que la physicienne indienne Dr Vandana Shiva appelle le biopiratage [40]. Elle en parle comme du vol autorisé des droits intellectuels des pauvres par les riches. En effet, 97 % des brevets sont détenus par des « inventeurs » des pays du Nord, bien que le « matériel de base », les ressources, provienne en majorité de pays du Sud.

Quand prime le droit au profit des compagnies

Certaines ententes commerciales régionales vont même plus loin que celles de l'OMC. Non seulement elles tiennent les citoyens et leurs représentants élus à l'écart du pouvoir décisionnel, mais elles les exposent encore davantage aux effets du comportement antisocial des entreprises. C'est le cas de l'Accord de libre-échange nord-américain (ALENA).

Ainsi, l'article 11 de l'ALENA autorise les investisseurs étrangers à intenter des poursuites contre les gouvernements pour des pertes de profits, réelles ou anticipées [41]. Les investisseurs peuvent donc s'opposer à des règlements nationaux qui limitent leurs ventes de façon directe. C'est ainsi qu'en 1997, la compagnie américaine Ethyl Corporation a intenté un procès au gouvernement canadien, lui réclamant 251 millions de dollars pour avoir interdit l'importation de l'un de ses produits, l'additif à essence MMT. Or, cet additif avait déjà été interdit dans de nombreux pays en raison du danger qu'il représentait pour la santé et l'environnement. Contrairement au Canada, ces pays ne faisaient pas partie de l'ALENA. Conscient qu'il allait perdre sa cause devant les tribunaux de l'ALENA, le gouvernement canadien a conclu un accord à l'amiable. Non seulement a-t-il levé son interdiction envers le produit MMT, mais Ethyl Corporation a reçu une compensation de 13 millions de dollars du gouvernement, donc des citoyens canadiens [42]. Nombreux sont les arrangements de ce type qui sont passés sous silence. Afin d'éviter la médiatisation, les gouvernements concluent des ententes à l'amiable avec les entreprises et évitent ainsi de se retrouver devant les tribunaux de l'OMC.

Dans le prochain chapitre, nous examinerons les stratégies adoptées par les citoyens pour s'opposer au paradigme des accords de libre exploitation et proposer des solutions de rechange. Nous verrons comment, à travers divers mouvements, ils s'efforcent de reconstruire la démocratie, de redéfinir les droits et les responsabilités des entreprises et des citoyens afin de mettre en place un système commercial au service des personnes en chair et en os, plutôt qu'à celui des « personnes » transnationales.

CHAPITRE II
S'approprier la démocratie

La globalisation des structures de pouvoir contribue à répandre un sentiment d'impuissance au sein de la société[1]. D'ailleurs, dans tous les pays occidentaux et dans de nombreux pays du Sud, le taux de participation aux élections diminue, particulièrement chez les jeunes.

Pourtant, par-delà les frontières, les classes sociales et les barrières de race, de sexe ou d'âge, des grondements de colère fusent. L'implication politique se fait différemment. Des citoyens s'unissent et s'organisent pour résister à cette grande loi du marché, utilisée pour expliquer ou justifier pratiquement tous les phénomènes économiques, politiques ou sociaux. Dans diverses langues et de multiples façons, des gens refusent la mondialisation de l'exploitation humaine et environnementale. Les altermondialistes réclament la mondialisation de la solidarité, l'élaboration d'une économie au service du peuple et non le contraire.

Même des élus, membres des gouvernements locaux et nationaux, commencent à dénoncer l'érosion des structures démocratiques causée par les ententes commerciales internationales. Syndicalistes, défenseurs des droits de la personne, environnementalistes, autochtones et groupes de femmes ont marché côte à côte à Seattle, à Prague, à Washington, à Nice, à Davos, à Québec et lors d'autres rencontres internationales. Ces rassemblements, toutefois, ne représentent qu'une des manifestations d'un puissant courant de changement qui naît dans les esprits et se poursuit dans les actions quotidiennes.

Les Nations unies ont estimé qu'en 1999, une personne sur cinq s'impliquait dans une organisation de la société civile [2]. Partout dans le monde, le secteur des organismes sans but lucratif se développe à un rythme sans précédent. Il faut reconnaître que ceux-ci assument des responsabilités que les gouvernements tendent à délaisser : protection de l'environnement, défense des travailleurs et des droits de la personne, etc. Généralement, ils le font sans bénéficier des ressources nécessaires à l'accomplissement de tâches d'une telle envergure. Au sein de ces groupes, des citoyens travaillent à réduire la pauvreté, à protéger l'environnement et à défendre les groupes minoritaires. Ils essaient de raccommoder un tissu social de plus en plus déchiré par les politiques néolibérales.

Dans les petites et les grandes communautés, des citoyens créent des mouvements spontanés au niveau local, là où les municipalités se montrent incapables de faire face aux nombreux défis qu'engendre la mondialisation de l'économie. Des citoyens ordinaires, qui ne sont pas nécessairement militants, prennent des mesures pour résister au rouleau compresseur, au modèle *Think Big*, « Pensez gros », qui leur est imposé par le modèle néolibéral dominant.

Par exemple, le 28 août 2000 à Sainte-Croix de Lotbinière, un petit village agricole plutôt conservateur situé au bord du fleuve Saint-Laurent au Québec, 36 résidants de tous âges ont tenu un *sit-in* de quatre heures au bureau de leur député provincial, Jean-Guy Paré [3]. Aucun d'entre eux n'avait d'expérience en matière de désobéissance civile, mais ils sentaient tous le besoin de se mobiliser pour la santé de leur collectivité et de leur environnement. La prolifération de méga-porcheries menaçait la qualité de leur eau, de leur terre et de l'air. Ils étaient déjà passés par les voies officielles en écrivant des lettres, en envoyant des pétitions et en assistant aux réunions du conseil municipal afin de faire entendre leur voix, mais ils avaient le sentiment qu'on faisait peu de cas de leurs préoccupations.

Il s'agissait de citoyens bien informés qui posaient des questions précises à leur représentant élu et lui faisaient part de ce qu'ils espéraient pour leur village et leur pays. Un des instigateurs de la manifestation, Gildor Michaud, a dit en s'adressant à son député :

> Un projet de société, ça ne se base pas, ça ne se comprend pas, ça ne s'élabore pas sur le dos des uns pour favoriser le petit nombre. Ça se base sur la justice, sur l'égalité, sur la fraternité... On ne pollue pas un projet de société. On ne pollue pas l'avenir des citoyens qui font partie de ce projet-là. [...] Pis arrêtez de croire qu'on vous a élus pour assurer la compétitivité au niveau international. C'est pas ça. On ne vous a pas élus pour ça, puis vous n'en avez pas parlé au moment des élections. On vous a élus pour gérer le bonheur quotidien des citoyens au maximum possible. On vous a élus pour régler les problèmes dans les hôpitaux, pour régler les problèmes de pollution, pour mettre au pas les pollueurs ! Pis c'est pour ça qu'on vous a élus. Pas pour d'autres choses ! Puis éventuellement, espérons-le, se donner un pays[4] !

Quand la réflexion se traduit en actions, des milliers de manifestations semblables s'organisent partout dans le monde — souvent à l'écart du regard des médias. À Paris, à Amsterdam et à Madrid, des gens squattent des immeubles inoccupés. Au Brésil, les paysans sans terre réclament leur part du territoire. En Inde, des villageois s'organisent pour s'opposer aux cultures génétiquement modifiées et au brevetage du vivant. En Argentine, divers projets d'économie parallèle (système de troc, remise sur pied d'entreprises par les travailleurs licenciés, etc.) ont permis à des citoyens de lutter contre les affres de la pauvreté. En Bolivie, les citoyens ont empêché la privatisation de l'eau. Au Québec, de plus en plus de projets d'économie sociale voient le jour, que l'on pense aux centres de la petite enfance ou au mouvement coopératif. Dans les petits villages comme dans les grandes métropoles, la population s'organise.

Bien que chacune de ces initiatives ait sa propre raison d'être, elles ont toutes en commun l'objectif de changer un peu le monde. Aussi modestes que puissent sembler ces actions prises individuellement, il reste que chacune constitue une étape importante dans la reconstruction d'une démocratie partant de la base.

Faire des pressions politiques sur les élus et sur les entreprises, écrire des lettres, organiser des manifestations et s'impliquer au sein d'organismes qui partagent nos valeurs sont tous des moyens de contribuer à la protection du bien commun et à l'élaboration d'une société comme on la souhaite. Au quotidien, faire des choix de consommation responsable est aussi un moyen de passer à l'action et de contribuer à un nouveau genre de « révolution tranquille ».

Acheter, c'est voter
Un nombre croissant d'individus se rendent compte du pouvoir politique de leurs choix de consommation. Chaque jour, ils rappellent aux entreprises que malgré le discours dominant, ils sont citoyens avant d'être consommateurs. Ils veulent des produits qui correspondent à leurs valeurs, exigeant que soient davantage respectés les travailleurs et l'environnement. Plusieurs choisissent tout simplement de réduire leur consommation, adhérant ainsi au mouvement plus large de simplicité volontaire [5].

Selon une étude menée par une filiale du groupe de publicité McCann, entre 15 % et 25 % des Français seraient des « alterconsommateurs » [6], c'est-à-dire des gens qui tendent à rejeter la consommation de masse, préférant des produits misant sur la saveur, le plaisir et le terroir. Bref, qui ont des critères qui se situent aux antipodes de la globalisation des goûts. Cette nouvelle tendance expliquerait en partie pourquoi dans ce pays, les produits de grande consommation sont en baisse, alors que leur vente progressait de 3 % à 4 % par an ces dernières années. Il s'agit de la première chute depuis 10 ans.

En Amérique du Nord aussi, l'alterconsommation se développe. Le marché du « bio » y croît de 20 à 25 % par année [7]. De plus en plus de produits du commerce équitable, de produits du terroir et écologiques se trouvent sur les tablettes des magasins, petits et grands. Les entreprises d'économie sociale sont de mieux en mieux implantées. Les placements éthiques et environnementaux ont pris de l'importance au point d'éveiller l'attention des analystes de Wall Street [8]. De nombreux investisseurs examinent maintenant le bilan environnemental et social des entreprises avant d'y placer leur argent [9]. Des options éthiques sont offertes parce que les citoyens en demandent. Tout ce mouvement prend de l'essor grâce à la conscientisation d'individus et grâce au travail d'organisations de la société civile.

Certes, le discours de certaines entreprises au sujet du développement durable ne se reflète pas toujours dans la pratique. Plusieurs en parlent sans pour autant avoir mis en place les moyens nécessaires pour y contribuer, parce que c'est là un discours qui séduit. De grandes entreprises ont piraté le concept, l'apprêtant à la sauce de la « croissance durable », sans tenir compte des ressources limitées. Voilà pourquoi, même s'il est encourageant de voir des entreprises se responsabiliser, l'intervention des gouvernements s'impose afin de mettre sur pied des mécanismes garantissant le respect des travailleurs et de l'environnement d'un bout à l'autre de la chaîne économique. Encore faut-il que ce ne soit pas les gouvernements eux-mêmes qui travestissent le concept de développement durable [10]...

Dans les conditions actuelles de libre-échange, des normes environnementales et sociales peu rigoureuses permettent généralement de produire des biens à meilleur marché. Cela procure donc des avantages comparatifs aux pays où la réglementation est la moins sévère. Dans ce contexte et d'un point de vue strictement économique, les produits écologiques et équitables sont souvent désavantagés comparativement aux produits conventionnels.

Prenons l'exemple de fruits : importés et cultivés selon les procédés courants, versus locaux et « bio ». Bien qu'il s'agisse de fruits différents, il est tout de même intéressant de comparer leurs véritables coûts. Ainsi, à Montréal, on peut se procurer un kilo de bananes cultivées en Équateur avec des pesticides et des engrais chimiques pour 0,77 $, alors que la même quantité de pommes locales biologiques coûte en moyenne trois fois ce prix. Sans compter qu'il se trouve beaucoup plus de points de vente de bananes « conventionnelles » que de pommes bio et locales dans cette ville. Si les coûts environnementaux et sociaux étaient inclus dans le prix de ce que nous achetons, les fruits conventionnels qui ont voyagé des milliers de kilomètres reviendraient plus cher que les fruits bio et locaux. En effet, les coûts relatifs à la santé et au bien-être des travailleurs et de la collectivité seraient ajoutés au prix des produits, tout comme les coûts de décontamination de l'eau et du sol dans les zones agricoles de même que les coûts associés aux changements climatiques découlant en partie de la combustion d'énergies fossiles utilisées pour le transport. Dans un marché où les prix refléteraient l'ensemble des coûts, les gens opteraient plus naturellement pour des modes de production plus écologiques et socialement responsables. Les produits bio et équitables seraient donc plus compétitifs.

Il en résulterait sans doute que davantage de consommateurs choisiraient des aliments bio d'ici plutôt que des produits conventionnels importés. Certains diront que ce n'est pas aider les pays du Sud que de réduire nos importations. Dans le cas des bananes, il est vrai que la quantité consommée diminuerait probablement, mais pas nécessairement la valeur totale des importations si le prix payé correspondait à leur vraie valeur. On importerait peut-être moins de bananes, mais on les payerait plus cher. Une partie des terres actuellement utilisées pour l'agriculture d'exportation pourrait servir à nourrir la population locale. Cela rendrait le commerce plus équitable si les bénéfices s'avéraient être bien distribués. Il faut avant tout voir à la qualité des échanges commerciaux avec les pays en développement et ne pas seulement considérer la quantité de ce que nous importons. Cela explique en partie pourquoi le Nord parvient aussi facilement à piller le Sud de ses ressources. Dans le cas du commerce de la banane, les grandes gagnantes sont Chiquita, Dole et Del Monte, trois firmes qui contrôlent 70 % des exportations de bananes à travers le monde.

Les études de marché indiquent clairement que pour un prix équivalent, les consommateurs préfèrent acheter des produits moins nocifs pour l'environnement et la société. Prendre en compte les coûts environnementaux et sociaux contribuerait à restructurer l'économie en fonction de modes de production et de commerce plus écologiques et équitables. Le hic est que très souvent les consommateurs n'ont pas l'information ou les moyens financiers qui leur permettraient de faire des choix répondant à leurs valeurs.

Quand l'éthique entre dans l'équation

L'ampleur des problèmes engendrés par le système économique dominant a donné naissance à de nouvelles réflexions, même dans les sphères reconnues pour leur conservatisme.

Ainsi, l'éthique est devenue une matière de pointe dans les facultés d'administration de nombreuses institutions. À l'Université McGill à Montréal, par exemple, le programme de premier cycle en administration comporte un cours obligatoire intitulé *The Social Context of Business* (Le contexte social des affaires), qui sensibilise les étudiants aux aspects les moins reluisants des pratiques actuelles dans le domaine des affaires. De plus en plus, les étudiants sont invités à développer leur conscience sociale et leur intérêt pour des secteurs non traditionnels, tels que les investissements éthiques, les entreprises d'économie sociale, etc. Le McGill Business Watch, renommé McGill STOP (Shaping Tomorrow's Organizational Practices), est devenu le club étudiant le plus populaire de la faculté. Il compte plus d'une centaine de membres qui suivent l'évolution des pratiques sociales et environnementales des entreprises et diffusent leurs trouvailles par l'entremise d'un forum sur Internet[11].

De nouveaux concepts, tel le *Natural Capitalism* proposé par Paul Hawken, à travers l'organisme scandinave Natural Steps, ont réussi à convaincre des entreprises d'envergure telles que Nike et Wal-Mart d'améliorer certaines de leurs pratiques environnementales. Le mouvement Natural Steps prône auprès des grandes industries un modèle qui explore les possibilités d'affaires lucratives à une époque de restrictions écologiques croissantes [12]. Ainsi, il fait la preuve qu'il est rentable d'être écologique. Bien que certains les considèrent comme trop timides, plusieurs de ces initiatives pourraient marquer un premier pas positif pour des multinationales dont les pratiques sociales et environnementales comptent parmi les pires.

Il faut reconnaître que les entreprises commencent à se rendre compte du pouvoir des consommateurs. Un récent guide de gestion intitulé *The Consumer Revolution*, de Patricia B. Seybold, fournit un bon exemple de cette tendance. L'auteure y affirme en effet que la qualité des relations qu'entretiennent les entreprises avec leurs clients a aujourd'hui plus d'importance que leurs immeubles et leurs comptes bancaires. Selon elle, « toutes les industries sont assiégées par leurs clients [13] ». « On évalue les entreprises selon leurs profits potentiels. Or, d'où viennent ces profits ? Des consommateurs. Pour augmenter sa rentabilité, une entreprise doit donc attirer et conserver les bons clients dont elle sert les besoins. C'est aussi simple que cela [14]. »

Ce discours peut cependant inciter des entreprises à se camoufler derrière une image de responsabilité sociale et environnementale factice. En 1999, par exemple, Altria (anciennement Philip Morris) a offert 60 millions de dollars à une œuvre de bienfaisance, pour ensuite dépenser plus de 108 millions en publicité afin de s'assurer que le monde entier soit au courant de sa générosité [15]. Et cela n'a pas empêché le géant du tabac de poursuivre des stratégies de marketing ciblant les enfants. En Chine, la multinationale a été accusée de poster des cigarettes gratuites à des mineurs. En Albanie, au Niger et en Jordanie, l'entreprise a engagé des jeunes filles pour distribuer des cigarettes aux enfants [16].

En général, le manque d'information sur les pratiques sociales et environnementales des entreprises rend la tâche des consommateurs difficile lorsqu'il s'agit de faire des choix judicieux. Bien qu'existent certains sceaux de certification qui attestent que les produits sont issus de pratiques responsables, tels que « biologique » et « équitable », la plupart des produits qui nous sont offerts ne donnent quasiment aucune information indépendante sur les entreprises que nous finançons par nos achats quotidiens.

Certaines informations prêtent même à confusion. Sur les sacs de croustilles Miss Vickie's, par exemple, il est inscrit : « De notre ferme à vous. » Quant aux adresses du fabricant, l'une est au Québec et l'autre en Ontario. Qui pourrait alors se douter que cette marque appartient en fait à PepsiCo, dont le siège social est à Purchase dans l'État de New York ? Dans le cas du café, une personne peut choisir du Nabob pensant acheter un produit canadien. Cette marque a pourtant été rachetée par la multinationale américaine Altria, via Kraft Canada [17].

Une identification claire des produits éthiques s'avère donc nécessaire. C'est pourquoi les organisations de la société civile présentes au Forum environnemental tenu lors du Sommet des peuples de 2001, à Québec, ont proposé l'établissement de systèmes d'étiquetage nationaux et internationaux exigeant que chaque entreprise fournisse des renseignements sur les impacts sociaux et environnementaux de ses produits [18]. Cette mesure contribuerait à donner une valeur marchande à des considérations écologiques et humanitaires. Cela favoriserait la création de mécanismes permettant d'inclure dans le prix des produits que nous achetons les coûts réels de leur fabrication. L'obligation de fournir ce type d'information sur les étiquettes inciterait les entreprises à assumer les véritables coûts de leurs comportements.

Créer et appliquer un tel système demanderait toutefois un engagement sérieux de la part des gouvernements partout dans le monde. Or, les accords actuels de l'OMC vont dans la direction opposée. En examinant ces ententes, on s'aperçoit que les normes environnementales et sociales sont généralement considérées, de prime abord, comme des « obstacles techniques au commerce [19] ». La distinction entre les produits selon leur origine et leurs méthodes de production est interdite.

À cet égard, l'Europe et le Mexique ont déjà gagné une bataille contre les États-Unis dans le cas du différend thon-dauphin. En vertu de la réglementation de l'OMC, ils ont réussi à contraindre les États-Unis d'amender leur Loi sur la protection des mammifères marins (*Marine Mammal Protection Act*), d'affaiblir leurs règlements concernant des techniques de pêche plus respectueuses de l'environnement et d'assouplir les normes de certification relatives à la protection des dauphins, au grand profit des entreprises de pêche industrielle[20].

Élaborer un commerce qui favorise des modes de production et de consommation responsables à l'échelle internationale exige l'implication de nombreux acteurs et surtout une forte volonté politique. Si les pays arrivent à s'entendre sur des mécanismes internationaux propres à faciliter le commerce, pourquoi n'en font-ils pas autant pour protéger l'environnement et assurer une plus grande justice sociale ?

Certes, de nombreuses conventions et ententes multilatérales conçues pour prévenir des problèmes écologiques et humanitaires existent : Déclaration universelle des droits de l'homme, Conventions internationales du travail, Protocole pour la biosécurité, Convention sur le commerce international des espèces de faune et de flore sauvages menacées d'extinction, Convention sur la désertification, Protocole de Kyoto, etc. Aucune n'a cependant une force exécutoire aussi importante que celle des accords commerciaux de l'ALENA ou de l'OMC[21]. À l'heure actuelle, il n'existe aucune entente mondiale qui garantisse un commerce à la fois écologique et éthique.

Comme l'illustre le cas du café présenté dans les prochains chapitres, le commerce conventionnel encourage plutôt des pratiques qui misent sur les rendements à court terme et non sur la pérennité des ressources et la qualité de vie des travailleurs.

Chapitre III
Les dessous de la machine à café

Le café fait partie du quotidien de millions de gens dans le monde entier. Les Nord-Américains en consomment annuellement plus de quatre kilos par personne, ce qui donne une moyenne d'environ deux tasses par jour pour chaque adulte et enfant [1]. Dans une cinquantaine de pays du Sud, le café est également le moyen de subsistance de 25 millions de familles qui récoltent plus de six millions de tonnes de grains par année [2]. L'Organisation internationale du café a estimé que dans le monde, environ 11 millions d'hectares de terres agricoles sont consacrés à la culture du café, soit une superficie sensiblement équivalente à celle de la Suisse, de la Belgique et des Pays-Bas réunis [3].

Le café est l'un des produits qui font l'objet du plus grand nombre de transactions commerciales sur le marché international. Il constitue la principale source de devises étrangères pour de nombreux pays [4]. Cultivé presque exclusivement dans les pays en développement, il constitue une culture commerciale importante à laquelle ont recours plusieurs pays pour acquitter leurs dettes. Ainsi, le café représente 79 % des exportations totales du Burundi et 54 % de celles de l'Éthiopie [5]. Des pays de l'Amérique latine comme la Colombie, le Guatemala et le Nicaragua dépendent également de l'exportation du café, mais de façon moins considérable : la vente de café y représente environ 20 % de leurs recettes d'exportation. Les fluctuations de prix à la Bourse de New York ou de Londres ont donc d'énormes répercussions sur l'économie de ces pays, en particulier lorsqu'elle est peu diversifiée.

L'histoire du café

Le café est originaire d'Afrique. On raconte qu'il a d'abord été récolté dans la province éthiopienne de Kaffa au milieu du XIIe siècle [6]. Des commerçants en auraient apporté au Moyen-Orient d'où il s'est répandu au XVe siècle pour atteindre l'Europe au cours des deux siècles suivants. Empruntant le nom de la boisson noire, les cafés devinrent alors des lieux populaires où les hommes se rencontraient pour débattre des grandes questions de l'heure et discuter de politique [7].

Au cours des XVIIIe et XIXe siècles, l'essor de la culture et du commerce du café s'est poursuivi sous la férule du colonialisme. Le café, de plus en plus prisé en Europe, pouvait être cultivé dans de nombreuses régions tropicales. Les Hollandais furent les premiers à l'introduire dans leur colonie qui allait devenir l'Indonésie. Les Anglais et les Français n'ont pas tardé à faire de même dans les Caraïbes, ainsi que les Portugais au Brésil et les Espagnols ailleurs en Amérique latine. Les populations autochtones furent vite asservies au travail dans les plantations, tout comme les esclaves ramenés d'Afrique [8].

Bien que l'esclavage soit officiellement aboli, des millions de travailleurs, incluant des enfants, sont encore asservis aux travaux forcés, notamment dans les plantations de café. En août 2003, des inspecteurs ont libéré 850 esclaves dans une plantation de café de la Bahia, au Brésil [9]. Selon les estimations nationales, entre 30 000 et 40 000 personnes vivraient dans ces conditions au Brésil seulement [10]. L'Organisation internationale du travail estime à 20 millions le nombre d'esclaves à travers le monde. Leur travail forcé et celui de leur famille sont généralement liés à une servitude pour dette : pour la plupart illettrés et vivant dans des conditions d'extrême pauvreté, ces hommes, ces femmes et ces enfants ont cru aux promesses des recruteurs qui payaient à l'avance leur logement, leur nourriture et leur voyage jusqu'à des plantations agricoles généralement isolées. Une fois leurs papiers confisqués, ils sont forcés de travailler dans des conditions d'exploitation extrême, soi-disant pour rembourser ces premiers frais et les nouvelles dettes qu'ils contractent immanquablement auprès de leur « employeur » du fait d'un système inique. La condition d'esclave se perpétue alors par la suite de génération en génération[11].

Le café au Mexique
Au Mexique, la culture du café a débuté en 1795. Bien qu'à l'époque, elle ait été principalement destinée au marché national, la production s'est rapidement intensifiée à la suite de l'augmentation de la demande internationale[12]. Les petites plantations ont rapidement été remplacées par de grandes cultures contrôlées par des capitaux étrangers, principalement allemands, mais aussi américains et britanniques[13]. Comme le rapporte l'historien Armando Bartra : « Les plantations fonctionnaient comme des enclaves économiques voulant se donner une image moderne, mais traitant leurs employés comme des esclaves[14]. » Les conditions de vie des travailleurs et de leurs familles étaient en effet misérables : ils gagnaient à peine de quoi survivre et étaient maintenus dans une dépendance quasi totale envers les grands propriétaires.

La révolution agraire mexicaine des années 1930 a quelque peu amélioré cette situation, donnant alors la possibilité aux paysans d'avoir accès à la terre. Les grands producteurs de café sont cependant parvenus à conserver les parcelles les plus fertiles, leurs usines et leurs réseaux commerciaux. Aujourd'hui, même s'ils ne représentent que 8 % des producteurs, les grands propriétaires touchent plus de 90 % des bénéfices de la vente du café mexicain[15].

En fait, malgré une législation théoriquement favorable aux paysans les moins nantis, la concentration des terres entre les mains de grands propriétaires terriens s'est intensifiée. En 1994, l'ALENA a forcé le Mexique à transformer son système d'exploitation communautaire des terres pour favoriser la privatisation[16]. En signant cet accord, le Mexique a de plus perdu son droit de participer à des organisations ayant pour objectif d'exercer un contrôle sur les prix d'un produit. Il ne peut donc plus siéger à l'Association des pays producteurs de café (ACPC), un organisme qui prône la création d'un système de soutien des prix afin de prévenir leurs chutes.

Lors de sa ratification, les promoteurs de l'ALENA promettaient de grands avantages aux Mexicains. L'accord devait leur donner accès à des céréales américaines bon marché et faciliter l'exportation de fruits et de légumes vers les marchés lucratifs du Nord. Dans cette optique, le gouvernement Salinas a accru l'aide à l'agriculture d'exportation, réduisant son soutien à la production de denrées alimentaires de base comme le maïs et les haricots noirs (*frijoles*). Il a en outre démantelé la Compañía Nacional de Subsistencias Populares (CNSP), un organisme public qui achetait une grande partie des récoltes. Ceci a donné lieu à une importante baisse de la production des denrées alimentaires de base et à une augmentation spectaculaire des importations de maïs, de riz, de haricots et d'autres aliments. Pour de nombreux paysans mexicains, la culture des céréales vivrières est devenue impossible. Ils ne parviennent plus à rivaliser avec les grands producteurs états-uniens largement subventionnés par leur gouvernement.

En 1996 seulement, cette situation a provoqué une baisse de 20 % de la production céréalière et l'exode de milliers de paysans mexicains vers des villes déjà surpeuplées [17]. La chute des prix du café qui a suivi à partir de 1998 est venue aggraver une crise agricole déjà bien entamée au Mexique.

La culture du café
La culture du café demande beaucoup de travail, de soins et de temps, surtout pour les petits producteurs qui n'utilisent ni pesticides ni engrais chimiques. Ceux-ci ont comme principal outil leurs mains. Ils se servent de pieux pour semer, de machettes et de haches pour défricher et désherber, ainsi que de pics et de pelles pour labourer. Leur réalité est tout autre que celle des grands producteurs industriels qui dépendent de machineries sophistiquées, de produits agrochimiques et de technologies de pointe.

Avant de produire, un caféier doit être entretenu pendant environ quatre ans. Les plus beaux grains sont sélectionnés puis semés dans une pépinière. Les paysans préparent le terrain où seront transplantés les caféiers encore petits. Après un an environ, on taille le caféier pour que le maximum de son énergie serve à produire des fruits. Les plantations doivent être fréquemment désherbées afin d'éviter la concurrence d'autres espèces végétales qui, en s'appropriant les nutriments du sol, nuisent à la production.

Les producteurs de café biologique enrichissent la terre de compost et fabriquent des terrasses autour des plants de café. Cela contribue à prévenir l'érosion. La présence d'autres arbres et d'autres

Le caféier

Il existe deux principales espèces de café : l'arabica et le robusta. L'arabica est moins productif que le robusta, mais sa saveur plus raffinée en fait l'espèce la plus cultivée dans le monde. Elle constitue plus de 70 % de la production totale. Certains cultivars peuvent atteindre jusqu'à 15 mètres de hauteur, mais l'arabica cultivé au Mexique mesure généralement de deux à trois mètres. Parvenues à maturité, les baies du caféier sont rouges ou jaunes. La plupart des fruits contiennent deux grains disposés face à face.

Un caféier peut produire pendant 20 à 30 ans selon la région, la variété et les méthodes de culture. Le café se cultive dans des régions tropicales et subtropicales. L'arabica préfère un climat tempéré de montagne où la température se maintient entre 18 °C et 24 °C et où les saisons sont bien définies. Le café robusta donne des fruits l'année durant, mais l'arabica ne se récolte qu'une fois l'an.

D'après Felipe Ferré, L'aventure du café, *Milan, Denoël, 1988.*

plantes permet de maintenir un équilibre écologique, évitant ainsi la propagation de certaines maladies et l'appauvrissement du sol.

La récolte est une période d'activité intense. Toute la communauté, femmes et enfants inclus, est mobilisée. Dans les grandes plantations, on fait même appel à des travailleurs saisonniers provenant d'autres régions, voire d'autres pays d'Amérique centrale. De nombreux Guatémaltèques se rendent au Mexique durant cette période. Les fruits du caféier doivent être cueillis au bon moment : trop jeunes, leur qualité est inférieure ; trop mûrs, ils sèchent sur les plants ou risquent de tomber lors de la prochaine pluie.

Après la récolte, les baies sont décortiquées. Dans plusieurs régions, les petits producteurs le font à l'aide d'un petit moulin à main sur chacune des plantations. L'enveloppe retirée, il reste deux grains de café pour chaque baie. Une fois les grains de café extraits, il faut les laisser fermenter un jour ou deux, bien les laver, puis les faire sécher à l'extérieur, souvent sur une plate-forme de ciment.

Les coûts environnementaux du café

À l'instar de la plupart des secteurs agricoles, la production de café s'est intensifiée lors de la « révolution verte ». Au cours des années 1970, la modernisation de l'agriculture a engendré la mise au point de variétés de cafés à rendement élevé ne nécessitant pas de couvert forestier.

Alors qu'auparavant, la densité de production se situait normalement entre 1100 et 1500 arbres par hectare, il devenait possible de cultiver de 4000 à 7000 caféiers sur la même superficie. Des plantations en monoculture intensive ont graduellement remplacé les cultures sous couvert forestier qui caractérisaient autrefois les plantations de café traditionnelles riches en biodiversité. La Colombie et le Costa Rica ont été parmi les premiers à moderniser leurs plantations. En Colombie, on estime que 68 % du café est cultivé en rangs très serrés, en plein soleil, tandis qu'au Costa Rica, on utilise cette méthode pour 40 % de la production[18].

Dans de nombreuses régions du monde, ce phénomène d'intensification agricole a entraîné non seulement une augmentation de la production du café, mais également de graves problèmes environnementaux. De plus en plus, des groupes d'étude indépendants tels que le Smithsonian Migratory Bird Center se penchent sur ces impacts[19]. Voici quelques-unes de leurs observations.

La déforestation

Remplacer les plantations de café sous couvert forestier par une culture intensive de cultivars résistants au soleil a contribué au déboisement tropical[20]. Les forêts en montagne ont été rasées à un rythme alarmant et remplacées par des monocultures de café. Or, ces forêts jouent un rôle écologique important en protégeant la dynamique atmosphérique, la qualité de l'eau et les espèces sauvages[21].

La biodiversité en péril

La déforestation et la monoculture sont à l'origine de la disparition d'habitats importants et d'une grande réduction de la diversité des insectes, des plantes, des oiseaux et d'autres animaux[22]. Par exemple, des études menées par le Smithsonian Migratory Bird Center au Mexique et en Colombie indiquent que l'on retrouve 90 % moins d'espèces d'oiseaux dans les plantations de café exposées au soleil que dans celles qui poussent sous couvert forestier[23].

L'érosion du sol

La monoculture du café peut causer une détérioration marquée de la qualité du sol et une érosion accrue. En effet, les racines des caféiers, à elles seules, ne parviennent pas à maintenir une structure équilibrée des sols, normalement recouverts d'une grande diversité de végétaux. Les régions montagneuses sont particulièrement sujettes à l'érosion. Des études ont révélé que dans les plantations non ombragées des zones qui connaissent de fortes pluies, la perte d'azote du sol est près de trois fois plus importante[24].

La pollution agrochimique

Comparativement aux méthodes traditionnelles de production de café à l'ombre, la culture au soleil nécessite une utilisation accrue de pesticides et d'engrais chimiques[25]. De la Jamaïque à l'Indonésie, la contamination a fait l'objet d'études sérieuses dans de nombreuses régions où la production du café est intensive[26].

Ainsi, la majorité des plantations intensives ont recours aux pesticides et aux engrais chimiques. À elle seule, la Colombie utilise près de 400 000 tonnes d'engrais chimiques par année — soit environ un demi-kilo de produits chimiques pour chaque kilo de café vert produit[27].

À court terme, ces intrants haussent les rendements et diminuent la charge de travail. À moyen et à long terme, toutefois, ils créent une

Magasin de produits agrochimiques à Juchitan, Oaxaca.

dépendance, car les espèces nuisibles dont on tente de se débarrasser ont tôt fait de devenir résistantes aux pesticides appliqués, ce qui force les paysans à avoir recours à des produits chimiques de plus en plus puissants et dangereux.

Les systèmes de production industrielle de café nécessitent plus d'intrants (machinerie, semences à haut rendement, produits chimiques, etc.) provenant de l'extérieur et généralement moins de main-d'œuvre locale. Cela contribue à réduire les possibilités d'emploi dans ces régions et accroît la dépendance à l'égard de ressources extérieures aux communautés.

Plusieurs types de pesticides interdits dans les pays industrialisés à cause de leur trop forte toxicité sont encore utilisés dans les pays du Sud[28]. Le DDT, le lindane et le paraquat sont très populaires dans les magasins de produits chimiques de nombreux pays du Sud en raison de leur coût inférieur à ceux des produits moins toxiques[29].

Les pesticides nuisent à l'environnement et à la santé de la population locale à divers degrés, selon leur niveau de toxicité et les doses utilisées. En dépit des indications inscrites sur les étiquettes, les mesures de précaution recommandées sont rarement suivies, d'autant plus que le taux d'analphabétisme est élevé dans la plupart des régions productrices de café. Le transport des marchandises, comme celui des humains, s'effectue généralement dans les caisses de camions à ciel ouvert. L'espace étant restreint, les denrées alimentaires s'entassent dans le véhicule avec les gens et tous les autres produits acheminés vers les villages. Ces conditions de transport, combinées avec la chaleur, accroissent les risques de contamination et d'accidents.

À la maison, il n'est pas rare de trouver des pesticides entreposés dans le coin d'une pièce où dort la famille ou même dans la cuisine. Pour leur application, les paysans n'utilisent généralement aucun équipement de protection (masques ou gants, par exemple). Les mélanges sont souvent préparés près d'une rivière où les gens s'approvisionnent en eau, font leur toilette et lavent leurs vêtements.

Le café génétiquement modifié
Certains facteurs impondérables menacent l'écosystème des plantations de café. Des variétés de cafés génétiquement modifiés ont été brevetées par la compagnie Integrated Coffee Technologies Inc. (ICTI)[30]. Cette firme située à Hawaï a mis au point une variété d'arbuste à café décaféiné ainsi qu'une nouvelle variété dont tous les grains mûrissent en même temps, ce qui réduit les besoins de main-d'œuvre pendant la récolte. En fait, le procédé de mûrissement naturel de cette variété est « interrompu » jusqu'à ce que les caféiers soient arrosés d'éthylène[31]. Non seulement cette variété augmente-t-elle la dépendance des agriculteurs envers les produits chimiques, mais comme pour tout organisme génétiquement modifié, ses effets à long terme sur la population et l'environnement restent inconnus. Une fois lâchés dans l'environnement, les organismes génétiquement modifiés ne peuvent réintégrer leur éprouvette. Dès lors, la planète devient un vaste laboratoire échappant à tout contrôle.

Dans l'ensemble, les problèmes environnementaux engendrés par la production et le commerce du café sont nombreux et complexes. Les techniques industrielles utilisées pour augmenter la production et les revenus des agriculteurs ont profité à certains pays producteurs de café, certes, mais seulement à ceux qui avaient les moyens de recourir aux nouvelles technologies, c'est-à-dire qui se trouvaient déjà dans une situation privilégiée. Par ailleurs, une dégradation environnementale marquée a contribué à notre appauvrissement collectif à long terme. Les expériences passées illustrent indéniablement la nécessité d'élaborer des solutions innovatrices intégrant à la fois les besoins sociaux et la pérennité des ressources de la planète.

Les pesticides

Les insecticides, herbicides, fongicides et autres pesticides peuvent avoir diverses répercussions sur l'environnement et la santé. Voici quelques-unes de celles-ci.

Pour l'environnement :
- contamination des cours d'eau et des nappes phréatiques ;
- contamination de la faune et de la flore ;
- dommages causés aux micro-organismes du sol ;
- destruction de la biodiversité animale et végétale ;
- érosion ;
- problèmes de reproduction des animaux ;
- eutrophisation des rivières ;
- persistance dans l'environnement ;
- pollution de l'air ;
- résistance des plantes et des insectes visés ;
- destruction de la couche d'ozone.

Pour la santé humaine :
- maux de tête ;
- troubles digestifs ;
- irritation des yeux ;
- problèmes respiratoires ;
- irritations cutanées ;
- stérilité ;
- cécité ;
- cancers ;
- empoisonnements mortels.

D'après le US Environmental Protection Agency (US EPA), Office of Pesticides Programs, <www.epa.gov/pesticides>. Aussi : Shirley A. Briggs, Basic Guide to Pesticides. Their Characteristics and Hazards, Washington, Rachel Carson Council, Hemisphere Publishing Corporation, 1991. De même que : Pesticide Action Network : <www.pan.org>.

CHAPITRE IV

La route conventionnelle du café

LA SITUATION des caféiculteurs varie d'un pays à l'autre. Elle dépend notamment du rôle joué par les gouvernements par le biais de politiques agricoles, de codes du travail, de même que de programmes sociaux dans les régions rurales. La qualité du café produit et sa réputation sur les marchés internationaux sont d'autres facteurs influents.

Le Costa Rica et Cuba, par exemple, sont parmi les pays du Sud les plus avancés en matière de développement humain. Ils fournissent à leurs citoyens une infrastructure et des services sociaux supérieurs à ceux que l'on trouve dans la majorité des pays producteurs de café en Afrique où la pauvreté et la dégradation de l'environnement font des ravages [1].

Autre exemple: la Colombie. Dans ce pays, la Fédération colombienne du café (FCC) compte plus de 500 000 membres possédant des plantations d'une dimension moyenne de moins de deux hectares. Collectivement, ils sont parvenus à donner une valeur supplémentaire à leur café en en améliorant la qualité et surtout l'image internationale. Grâce à une vaste campagne de promotion mettant en vedette Juan Valdez, le « caféiculteur heureux », la demande de café colombien a augmenté, ce qui a aidé les producteurs à élever leur niveau de vie [2].

Malheureusement, l'image de marque et la qualité du café colombien n'ont pas suffi pour épargner aux producteurs les aléas de la crise du café. Elle leur a fait perdre la moitié de leur pouvoir d'achat en 10 ans[3]. Là-bas comme ailleurs, de nombreux cultivateurs ont cherché à fuir la pauvreté en cultivant des plantes narcotiques : la coca en Colombie, la marijuana au Mexique et le qat en Éthiopie en sont des exemples. Ce phénomène se répand à mesure que la crise du café s'intensifie. Si la culture de ces plantes est plus lucrative, elle est aussi beaucoup plus risquée. Même dans les campagnes reculées le trafic de la drogue se fait rarement sans violence.

Les grains de café suivent une route longue et sinueuse. Ils passent par moult intermédiaires avant d'aboutir dans nos cafetières. Cette chaîne varie légèrement d'un pays à l'autre. Quelques pays d'Afrique de l'Est ont, par exemple, un système de vente aux enchères réglementée pour régir le marché du café, alors qu'en Colombie, les marchés publics et privés se partagent les ventes. En général cependant, la « route du café » correspond au diagramme de la page ci-contre.

Les petits producteurs et les travailleurs agricoles
Environ la moitié de la production mondiale de café provient de petites fermes de moins de cinq hectares[4]. La plupart des familles productrices de café touchent un salaire annuel moyen qui varie entre 600 et 1200 $[5]. Un petit caféiculteur obtient habituellement entre 0,33 et 1,50 $ pour un kilogramme de café. Lorsque celui-ci se retrouve dans les mains du consommateur, il vaut de 8 $ à 30 $[6].

Bien que la situation des paysans varie d'un pays à l'autre selon l'implication des gouvernements, la plupart des petits producteurs et des travailleurs agricoles sont aux prises avec des problèmes similaires. Qu'ils habitent le Mexique, le Kenya ou l'Indonésie, la pauvreté les affecte tous à divers degrés, surtout depuis la chute des cours mondiaux du café.

Les sans terre
Les travailleurs agricoles sont encore plus vulnérables que les paysans. Ces hommes, femmes et enfants se déplacent de plantation en plantation au gré des récoltes. Étant sans terre, ils suivent le mûrissement des grains, lequel dépend du climat et de l'altitude.

Les grands propriétaires terriens rémunèrent les travailleurs en fonction de la quantité de café qu'ils récoltent. Ainsi, même tout

Figure 1
La route conventionnelle du café, de l'arbuste à la tasse

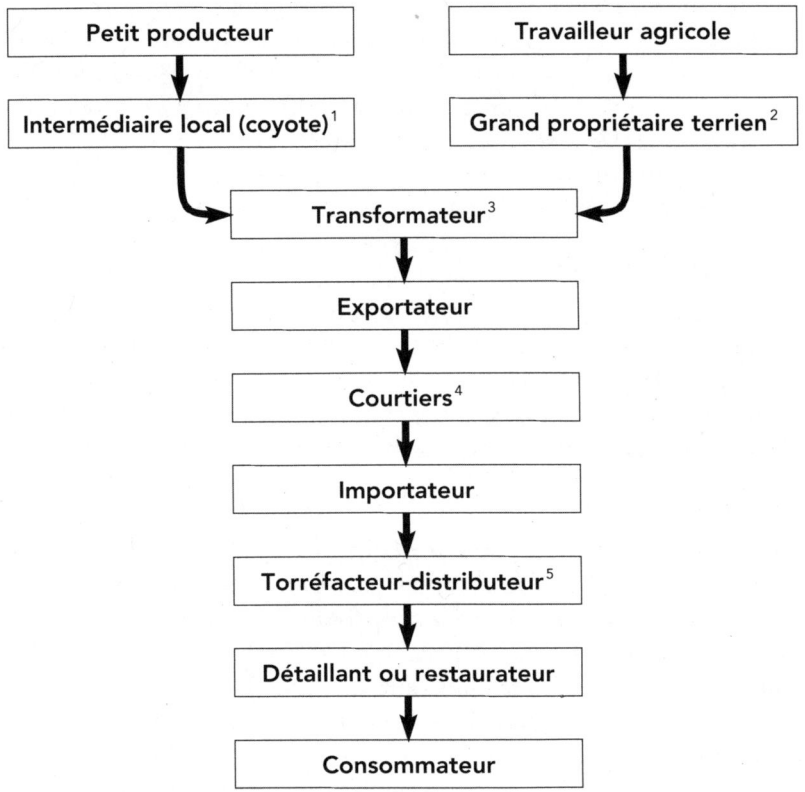

1. Il peut y avoir plus d'un niveau d'intermédiaires locaux.
2. Les grands propriétaires terriens disposent généralement de leurs propres usines de transformation.
3. Le café doit être décortiqué et trié avant d'être exporté. Certains transformateurs exportent directement, d'autres sont associés à des multinationales du Nord.
4. Il se trouve généralement plusieurs courtiers entre l'exportateur et l'importateur.
5. Habituellement, les grandes entreprises de torréfaction emballent et distribuent elles-mêmes leur café. Les plus petites ont souvent recours à des entreprises de distribution séparées.

jeunes, les enfants doivent travailler pour aider leur famille; bien qu'officiellement la plupart des pays aient des lois exigeant que les enfants aillent à l'école, ceux-ci n'ont souvent pas les moyens de s'y rendre et doivent plutôt travailler comme leurs parents. Or, comme ils sont encore en pleine croissance, les pesticides utilisés dans les grandes plantations affectent tout particulièrement leur développement et leur santé à court et à long terme.

Bon nombre de plantations sont situées dans des régions isolées, forçant les travailleurs à habiter et à s'alimenter sur leur lieu de travail. Devant payer pour leur hébergement et leur nourriture, il leur reste souvent peu d'argent au moment de la paie. Les conditions de vie dans la plupart des plantations sont médiocres. Hommes, femmes et enfants sont généralement entassés dans des baraques rudimentaires où l'intimité n'existe pas. De piètres conditions d'hygiène, une alimentation inadéquate et l'exposition quotidienne aux produits chimiques dégradent la santé de ceux qui produisent notre boisson quotidienne [7].

De l'autre côté du grillage: une plantation

C'était l'hiver tout au sud du Chiapas, à la frontière du Guatemala. La récolte du café n'avait pas encore commencé dans les montagnes de la réserve El Triunfo. Grâce aux contacts de Raoul [8], un ami agronome mexicain, le gérant d'une grande plantation avait accepté de nous recevoir. Les fonctionnaires du ministère de l'Agriculture mexicain en parlaient comme d'une plantation exceptionnelle: grande qualité du café, conditions de travail exemplaires, respect de l'environnement, etc. Raoul et moi allions y passer deux jours.

Une route goudronnée nous conduisit jusqu'à la Finca Liquidámbar. Les petits villages autochtones que nous traversions m'apparaissaient encore plus pauvres que tous ceux que j'avais vus jusqu'alors au Mexique. Les maisons étaient décrépites. Sur les murs, des messages de santé publique peints en grosses lettres mettaient en garde la population contre diverses maladies: tuberculose, malaria et même choléra. Ils rappelaient aux gens l'importance de se laver les mains et de faire bouillir l'eau. Le regard des gens était dur. Était-ce parce que nous étions à bord d'un véhicule appartenant à la plantation? Je m'interrogeais.

À notre arrivée à la plantation, deux gardiens ouvrirent d'immenses portes en fer. Le territoire de la plantation était entouré de grillages barbelés. Près des bureaux de l'administration, un mirador. Un homme armé y montait la garde. J'avais l'impression d'entrer dans une prison.

Un des gérants vint nous accueillir. L'homme maigre à la peau pâle fit signe à un employé de prendre nos bagages. Ils nous conduisirent à nos quartiers, en haut d'une petite colline qui surplombait l'ensemble des bâtiments de la plantation. Le sentier qui nous y menait était bordé de fleurs cultivées. En haut, trois maisonnettes à l'architecture bavaroise étaient elles aussi entourées de fleurs. Aucune mauvaise herbe dans les plates-bandes, un gazon aussi vert que celui d'un terrain de golf. Une magnifique piscine creusée appelait à la baignade. Hormis la chaleur et le type de végétation, on se serait cru dans un petit village bourgeois en Allemagne. Le contraste était frappant, sachant qu'à quelques mètres de là était un tout autre Mexique.

Les fondateurs de la plantation étaient effectivement allemands. Ils s'y étaient établis au début du siècle passé. Après le soulèvement zapatiste de janvier 1994, leurs descendants avaient préféré quitter les lieux. Comme plusieurs autres grandes propriétés, celle-ci fut assiégée pendant plusieurs mois. Les paysans autochtones réclamaient l'accès à la terre et à ses bénéfices. L'armée se chargea de les déloger. Elle y laissa quelques soldats, en prévention. L'un d'eux était dans le mirador. La plantation était maintenant gérée par des Mexicains de la grande ville.

Après nous avoir montré nos jolies chambres, on nous invita à passer à la salle à manger. Je ne me rappelle plus ce que nous avons mangé dans la vaisselle en porcelaine. Mon seul souvenir est le regard et les gestes nerveux de Mateo, le jeune garçon qui nous servait. Il avait sans doute moins de 12 ans. Je n'avais jamais perçu une tristesse aussi profonde dans les yeux d'un enfant. J'aurais aimé lui parler, mais ses réponses étaient trop brèves pour entamer une conversation. Je n'ai pas eu plus de succès avec les autres travailleurs de la plantation, pas même avec les gérants.

Quand Raoul et moi avons entrepris de descendre les escaliers pour explorer les lieux, on nous a vite rejoints en courant. La visite devait être guidée... par un homme armé, question de sécurité.

Puisque la récolte du café n'avait pas commencé, il y avait encore peu de travailleurs sur les lieux. Les entrepôts étaient vides de café. On nous a fait visiter plusieurs bâtiments, dont un local qui, nous dit-on, servait d'école. Rempli de poussière et de matériaux de toutes sortes, j'avais peine à imaginer des enfants dedans. Qui enseignait, quand et à qui ? Les réponses étaient vagues.

Nous sommes ensuite montés dans les plantations. Une quinzaine d'hommes, de femmes et d'enfants transplantaient de petits caféiers, après en avoir trempé les racines dans un mélange d'engrais et de pesticides. Leurs mains étaient nues. Les enfants les plus jeunes devaient avoir une dizaine d'années. Ils n'étaient donc pas à l'école. Je n'ai pas osé poser de questions. L'ambiance était déjà bien assez tendue.

Les caféiers étaient magnifiques. Leurs branches étaient lourdes de baies vertes qui commençaient à tirer sur le rouge. Par-ci, par-là quelques arbres faisaient de l'ombre. Contrairement à ce que prétendait le gérant, je n'y voyais pas de grande biodiversité. Il s'agissait bien d'une monoculture de café bordée de quelques arbres d'autres essences. Sans plus. La plantation avait beau être située dans une réserve de la biosphère, je ne voyais pas comment elle pouvait jouer un rôle de conservation des espèces.

Grande plantation de culture intensive de café.

J'essayais d'imaginer à quoi ressembleraient ces lieux au moment de la récolte quelques semaines plus tard : plusieurs centaines de travailleurs, dont de nombreux Guatémaltèques, les mains dans les branches à cueillir les petits fruits rouges un à un. Je les imaginais transportant le poids de leur journée dans les grands sacs de jute. Si cette plantation est exemplaire, qu'en est-il de toutes celles qui ne le sont pas ? Je pensais aux propriétés de plusieurs milliers d'hectares au Brésil, où l'esclavage est encore pratiqué. Je pensais aux enfants. J'avais mal au cœur.

La situation des paysans
Au Mexique, ils sont plus de 260 000 petits caféiculteurs à cultiver dans des zones se situant entre 600 et 1700 mètres d'altitude, sur des terres escarpées fortement exposées à l'érosion[9]. La majorité de ces paysans sont autochtones. Leurs terres sont situées dans des régions éloignées où ils se trouvent à bien des égards marginalisés. Plusieurs villages ne sont accessibles par aucune route carrossable, ce qui réduit leur accès aux services de santé et d'éducation de même qu'aux moyens de communication. Contrairement aux travailleurs dans les grandes plantations, ceux-ci ont au moins accès à la terre.

Ne produisant pas en assez grande quantité pour pouvoir exporter directement, les paysans sont généralement contraints de vendre leur café à bas prix à des intermédiaires. Ces négociants locaux sont appelés « coyotes » en Amérique latine.

Pour subvenir à leurs besoins d'une récolte à l'autre, les paysans sont régulièrement forcés de demander des avances au coyote de la région. Dans bien des cas, celui-ci se présente comme la seule source de financement accessible. Il arrive que les différents paliers de gouvernement offrent des programmes de prêts, qui ont cependant tendance à être orientés vers des projets spécifiques comme l'achat de pesticides ou de variétés destinées à l'exportation. Quand il s'agit d'acheter des aliments parce que les réserves de nourriture sont épuisées, si un enfant est malade ou s'il faut réparer la maison, les paysans sont souvent forcés de se tourner vers un coyote. Ils doivent alors accepter les prix négociés à la baisse qu'il leur offre pour leur café. Année après année, les paysans accumulent ainsi une dette qui surpasse leur capacité de payer. Plongés dans cette spirale d'endettement, les petits producteurs sont vite étouffés par la dépendance.

L'isolement

Parce que la culture du café se pratique en milieu rural, généralement dans les montagnes, les populations qui y habitent sont facilement marginalisées.

Au sud du Mexique par exemple, dans la région de l'Isthme où j'ai entrepris la majeure partie de mes recherches, on compte un médecin pour 2780 habitants, comparativement à un pour 1850 dans le reste du pays et un pour 390 dans les pays industrialisés [10]. Certains villages sont à plus de deux jours de marche du centre médical le plus proche. L'accès à des soins de santé est donc limité, surtout en cas d'urgence.

Bien qu'il y ait des écoles primaires dans la plupart des villages, les enseignants doivent généralement se trouver un autre emploi pour gagner leur vie. Leurs absences fréquentes ne sont pas sans nuire à la qualité de l'enseignement. Peu de jeunes des petits villages accèdent à l'école secondaire et encore moins post-secondaire. Celles-ci se situent dans quelques grands villages de la région ou dans les villes. Les parents doivent alors être en mesure d'assumer les coûts d'une pension.

Les paradoxes de l'insécurité alimentaire

La population de la région de l'Isthme est aux prises avec une multitude de carences alimentaires. Selon Aurora Juez et Gregorio de Anda, médecins dans cette région, la malnutrition est un problème majeur dans les communautés rurales : « Ici, les gens mangent beaucoup de tortillas et de haricots noirs mais peu de légumes. Ils ont généralement suffisamment de nourriture pour ce qui est de la quantité, mais pas assez de diversité. Beaucoup manquent d'ailleurs de vitamines et de minéraux essentiels [11]. »

Les carences alimentaires rendent les gens vulnérables à de nombreuses maladies qui pourraient être facilement prévenues par une alimentation diversifiée et des conditions d'hygiène adéquates. La malnutrition est considérée comme l'une des principales causes du taux élevé de mortalité infantile. Elle est, selon les estimations des médecins de la région, deux fois supérieure à la moyenne nationale [12]. Malgré les problèmes de malnutrition présents dans sa population, le Mexique exporte pour plus de sept milliards de dollars de produits agricoles, dont environ la moitié en fruits et légumes [13].

Les produits frais se dirigeant massivement vers les endroits où les consommateurs ont les moyens de les payer, il en résulte que de nombreuses familles mexicaines n'ont pas accès à ces denrées périssables. Dans le village de San José el Paraíso, par exemple, on compte 13 endroits où il est possible de se procurer des boissons gazeuses, mais un seul qui vend sporadiquement des fruits et des légumes frais. Au mois de mai, alors que des tomates mexicaines bon marché envahissent les épiceries canadiennes et américaines, elles coûtent à San José le même prix qu'au Canada, soit approximativement 1,90 $ le kilo. Étant donné l'écart entre les revenus des paysans et les nôtres, les tomates demeurent pour eux un produit de luxe, acheté uniquement par l'élite du village. Ce prix élevé relativement au coût de la vie s'explique par le fait qu'il est plus économique pour les grands producteurs d'exporter massivement vers de grands marchés lucratifs du Nord que d'orienter leurs ventes vers de petits marchés locaux situés dans des régions éloignées de leur propre pays.

Dans ce cas, pourquoi la population locale ne cultive-t-elle pas elle-même davantage de produits frais ? Parce que les plants de tomates sont fragiles et donnent souvent de piètres rendements dans les régions montagneuses qu'elle habite. Ainsi, bien que les paysans aient accès à la terre, peu d'entre eux ont un jardin. Les gens préfèrent cultiver du maïs, des haricots noirs et du café : trois espèces bien adaptées au climat. De nombreux fruits et plantes comestibles poussent cependant à l'état sauvage dans les montagnes de la région. C'est le cas des orangers, des manguiers, des papayers, des « herbes saintes », des cerises de terre et de plusieurs autres plantes souvent présentes dans les plantations de café diversifiées. Ces aliments ne sont cependant disponibles que de façon saisonnière. Malgré leur présence abondante à certaines époques, elles ne sont pas systématiquement intégrées à l'alimentation des familles.

Les commerçants locaux (les coyotes)

Lorsque les paysans décrivent la route du café, le « coyote » revient à différentes étapes. Il représente à la fois le petit commerçant qui achète directement du producteur et le grand négociant de la capitale qui exporte à l'étranger. Les stratégies, le pouvoir et l'influence des coyotes varient d'une région à l'autre, mais ils ont généralement beaucoup de poids, même auprès des différentes administrations locales et nationales où ils ont de bons alliés [14].

Au Mexique, le coyote appartient à l'élite locale. Il joue le rôle de banquier et contrôle souvent le système de transport et le magasin général. Dans certaines régions, ce monopole lui permet de diriger presque toutes les activités économiques d'un village. Il n'est pas rare que des paysans demandent au coyote d'être parrain d'un de leurs enfants, question d'établir un lien de proximité avec celui qui détient le pouvoir.

Les infrastructures de transport sont peu développées dans les régions montagneuses. Possédant souvent le seul véhicule motorisé de l'endroit, le coyote contrôle ce qui entre et sort du village. S'il est propriétaire du seul magasin du village, c'est lui qui détermine les prix. Dans bien des cas, les paysans dépendent de lui pour vendre leur café, obtenir du crédit, acheter des produits de base, transporter leurs récoltes et se rendre en ville. Le coyote accorde des prêts aux paysans, mais à condition que ceux-ci s'engagent à lui vendre leur café à des prix très bas ou à lui verser des intérêts souvent exorbitants.

Les transformateurs

Avant d'être exporté, le café doit subir une dernière transformation : la fine pellicule enveloppant chaque grain de café doit être retirée. Cette étape nécessite l'utilisation d'un équipement coûteux, qui appartient souvent à des coyotes intermédiaires. Dans certains cas, cependant, les multinationales qui exportent le café possèdent leurs propres installations de transformation. Après avoir été décortiqué, le café est sélectionné à l'aide de machines sophistiquées en fonction de sa forme, de sa couleur et de sa densité. Les grains de café, encore verts à ce stade, sont mis en sacs de 60 kg, pour être ensuite acheminés vers les exportateurs.

Les exportateurs

Le rôle des exportateurs privés est de préparer un produit correspondant le plus possible à la demande de l'importateur. Ils s'assurent d'acheminer à bon port les types de cafés demandés, dans les délais requis. L'objectif de tout intermédiaire qui veut réussir dans ce métier est d'acheter le café au plus bas prix possible et de le vendre au plus offrant.

Le meilleur café est exporté, tandis que le café de moins bonne qualité est destiné au marché local. Cela explique pourquoi, dans les régions qui produisent les plus grands cafés du monde, les res-

Figure 2
Production mondiale de café en 2003 (%)

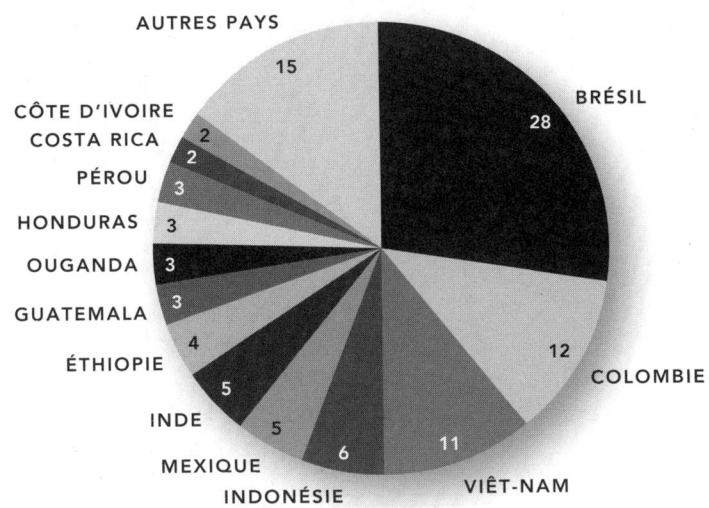

taurants locaux servent généralement des cafés de qualité inférieure, tel du Nescafé.

La privatisation des offices gouvernementaux et des marchés d'exportation dans plusieurs pays producteurs de café a entraîné une augmentation du nombre d'exportateurs. Au Mexique, on constate toutefois qu'après quelques années d'existence, seuls quelques-uns sont parvenus à survivre à la concurrence, ce qui a favorisé l'établissement d'oligopoles privés [15].

Bien que les coyotes jouent un rôle important sur le marché du pays producteur, leur influence à l'échelle mondiale est limitée, car ce sont les marchés boursiers de New York et de Londres qui déterminent les prix en fonction de l'offre et de la demande.

Figure 3
Fluctuation des prix du café vert et du café torréfié, 1961-2004

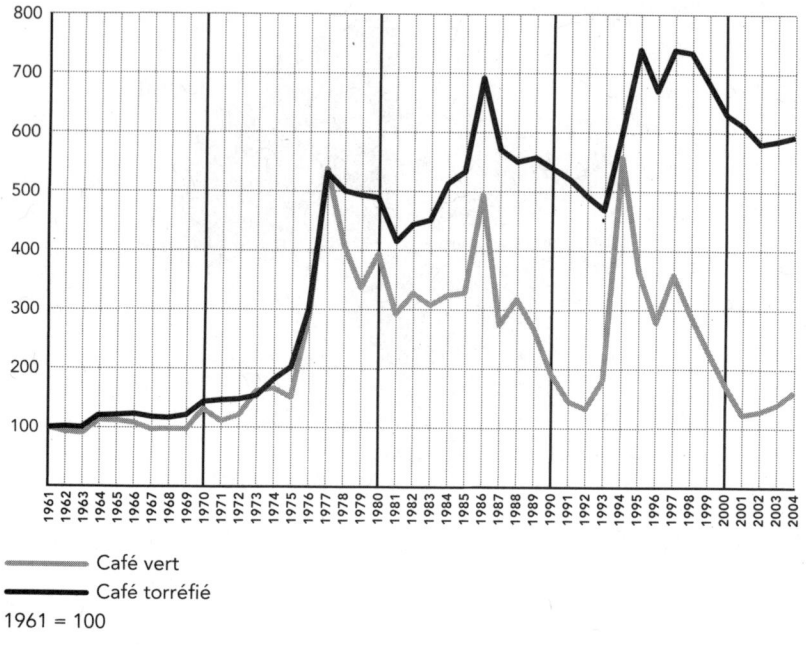

▬▬ Café vert
▬▬ Café torréfié
1961 = 100

Source: Bob Thomson, 2001, à l'aide des données de Statistique Canada sur le café torréfié et moulu. (Séries chronologiques P2164.) Aussi: Organisation des Nations unies pour l'alimentation et l'agriculture (<www.fao.org>) et New York Board of Trade (<www.nybot.com>).

Les courtiers en bourse
La quasi-totalité du café cultivé dans le Sud est contrôlée par deux centres du Nord: le marché boursier de New York pour le café arabica et celui de Londres pour le café robusta.

Les courtiers brassent des affaires à l'échelle internationale. Ils achètent et vendent le café à commission sans avoir à l'entreposer ou à le manipuler. Ils agissent comme intermédiaires entre l'exportateur et l'importateur. Les grandes entreprises multinationales comme Nestlé et Altria ont leurs propres courtiers en bourse. Leur énorme pouvoir d'achat et de vente leur permet de spéculer et d'avoir beaucoup d'influence sur les cours mondiaux du café.

Les courtiers ont accès à un réseau de renseignements ultramoderne. Si une étude satellite laisse prévoir un problème climatique dans un pays comme le Brésil (premier producteur de café au monde), le prix du café augmente [16]. Si, au contraire, la récolte s'annonce excellente, les prix baissent. Les rumeurs et autres facteurs psychologiques ont également une grande influence sur les cours du marché.

En observant le graphique ci-contre, on remarque que les prix du café varient considérablement d'une année à l'autre, ce qui n'est pas sans se répercuter sur les revenus des producteurs. Par contre, le prix que paient les consommateurs pour leur boisson matinale connaît rarement une baisse reflétant celle de la Bourse.

Les importateurs

Les importateurs se trouvent surtout dans les grandes villes consommatrices de café. Ces courtiers déterminent leur prix en fonction des cours de la Bourse, de la qualité du produit et des coûts de transport.

Les importateurs disposent généralement de réseaux d'intermédiaires à la Bourse de même que dans les pays producteurs de café. Ils reçoivent des échantillons et consultent leurs principaux acheteurs.

Les importateurs ont leur maître dégustateur qui échantillonne les grains verts au moment de leur arrivée à destination. Le café est par la suite directement livré du port à l'entrepôt de l'acheteur : le torréfacteur.

Les torréfacteurs

Depuis une dizaine d'années, une part croissante du marché du café s'est retrouvée sous le contrôle des plus grands groupes agroalimentaires mondiaux. Le café s'est révélé une véritable mine d'or pour quelques multinationales qui se chargent aussi de sa torréfaction.

Bien que l'on compte de 15 à 20 marques de café sur les tablettes des supermarchés, la plupart appartiennent à quelques grandes multinationales. Ainsi, Altria (Kraft), Nestlé, Sara Lee et Procter & Gamble se partagent plus de la moitié de la transformation et du négoce du café [17]. Avec la mondialisation, la concentration horizontale et verticale du marché continue de s'accentuer.

Figure 4
Comparaison entre le PIB de pays producteurs de café et le chiffre d'affaires annuel de multinationales du café (en milliards de dollars)

Les entreprises multinationales qui dominent le commerce du café ont des chiffres d'affaires qui dépassent le produit intérieur brut (PIB) de nombreux pays producteurs de café. Ayant comme objectif unique de maximiser leurs profits, elles se soucient peu du respect de l'environnement et du développement des pays dont elles extraient les ressources, à moins que ces aspects n'affectent leurs finances.

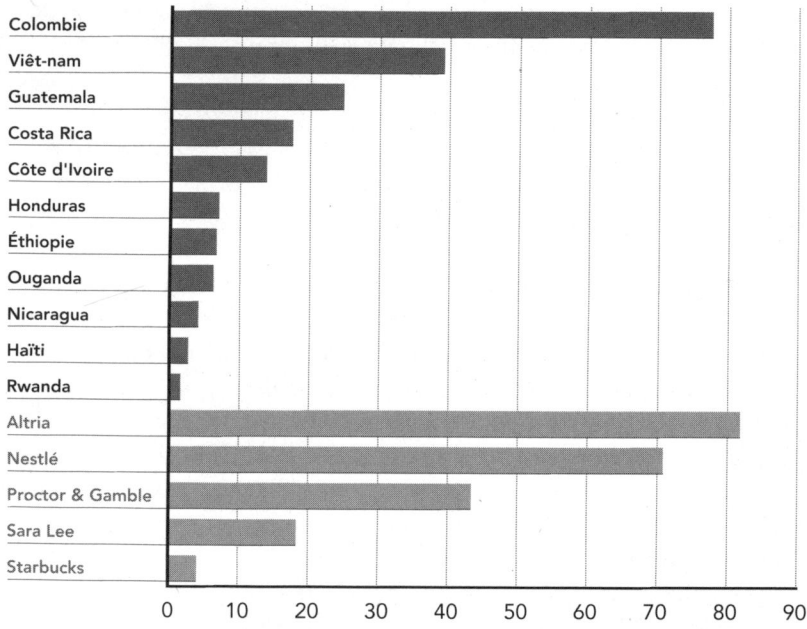

Source : World Development Indicators Database, *Banque mondiale*, juillet 2004, et rapports annuels des entreprises pour l'année 2003.

Ces entreprises achètent des milliers de tonnes de café d'un seul coup, ce qui leur permet de réaliser des économies d'échelle et de réduire leurs prix au détail. Elles exercent une grande influence sur les marchés boursiers, de même que sur l'économie de plusieurs pays du Sud. Tel que mentionné au premier chapitre, le chiffre d'affaires de certaines de ces entreprises est supérieur au produit intérieur brut (PIB) de plusieurs pays producteurs de café. Évidemment, leur siège social se trouve dans les pays du Nord, où la majeure partie des profits est réinvestie. Le siège social de Nestlé est en Suisse alors que ceux d'Altria, de Sara Lee et de Procter & Gamble sont situés aux États-Unis.

La torréfaction
L'agréable arôme du café se fait sentir une fois les grains exposés aux fortes températures de la torréfaction. Ce procédé fait subir au café une transformation chimique qui lui donne une couleur brune, mi-noire ou noire selon la durée du grillage. Les grains sont maintenus en mouvement afin d'éviter qu'ils ne brûlent ou grillent inégalement. Ils sont ensuite rapidement refroidis.

Cette étape est déterminante pour la qualité du café. C'est pourquoi les grandes maisons de torréfaction utilisent un équipement ultrasophistiqué qui contrôle de manière très précise la température, le degré d'humidité et le temps de grillage de chaque grain.

Une fois torréfié, le café se conserve moins longtemps que lorsqu'il est encore vert. Pour cette raison, il est suggéré de le torréfier au dernier moment afin de préserver toute sa saveur. Cela explique pourquoi pratiquement tous les grains de café sont importés verts.

Quoique le marché mondial du café soit dominé par une poignée de multinationales (*voir la liste à la fin de ce chapitre*), on assiste depuis peu à l'émergence de petites maisons de torréfaction qui mettent l'accent sur la qualité. Ce sont ces torréfacteurs qui ont manifesté le plus grand intérêt pour les cafés « éthiques » (équitables, biologiques et cultivés sous couvert forestier). Aux États-Unis, la Specialty Coffee Association of America (SCAA) a joué un rôle de premier plan dans le développement de ce marché. Peu à peu, la notion de qualité est redéfinie, l'associant davantage à la viabilité écologique et sociale du système de production. Ce changement a lieu grâce à la participation active de torréfacteurs visionnaires.

Les détaillants
La plupart des consommateurs choisissent leur café devant les tablettes du supermarché ou au comptoir d'un magasin spécialisé. Des millions de dollars sont investis en publicité afin d'influencer ce choix qui, de prime abord, semble anodin.

Dans les supermarchés, le café est couramment utilisé comme « produit d'appel ». Ainsi, il est vendu à rabais afin d'attirer des clients qui achètent d'autres articles en même temps. À l'instar d'autres secteurs de l'industrie alimentaire, le marché du détail se concentre de plus en plus dans les mains d'un nombre réduit de protagonistes. Il y a de moins en moins d'épiceries indépendantes, alors que les grandes chaînes d'alimentation fusionnent et que les supermarchés deviennent gigantesques.

Au cours des dernières années, la prolifération des boutiques de café a grandement contribué à la croissance du marché des cafés fins. Comme pour le vin, on y retrouve des connaisseurs, mais également beaucoup de gens ordinaires qui prennent simplement plaisir à savourer ce nectar noir en expresso, en allongé, en cappuccino ou en latté. Outre le produit, ces boutiques vendent une ambiance, un « style de vie » qui représente un petit luxe à la portée de presque toutes les bourses.

Les consommateurs
En Amérique du Nord, le café jouit d'une grande popularité depuis au moins deux siècles. Environ le cinquième de la production mondiale aboutit aux États-Unis, le pays où il se consomme le plus de café au monde [18]. C'est toutefois en Europe du Nord qu'il se consomme la plus grande quantité de café par habitant. Les Finlandais boivent en moyenne 7 tasses par jour alors que les Canadiens se contentent en moyenne de 2,6 tasses [19]. En Amérique du Nord, les Québécois sont ceux qui boivent le plus de café par habitant [20].

Il faut admettre que le café n'est pas un aliment essentiel. Selon l'avis de plusieurs médecins, bien des gens auraient d'ailleurs intérêt à en réduire la consommation [21]. Tout comme le thé, certaines boissons gazeuses et certains médicaments, le café contient de la caféine, un stimulant du système nerveux qui peut causer de l'insomnie. Consommé avec excès, il peut contribuer à l'anxiété et nuire à la coordination [22]. D'autres études démontrent par contre qu'une consommation modérée de café peut aussi avoir des effets positifs

Figure 5
Consommation moyenne de café per capita (en kilogrammes par année)

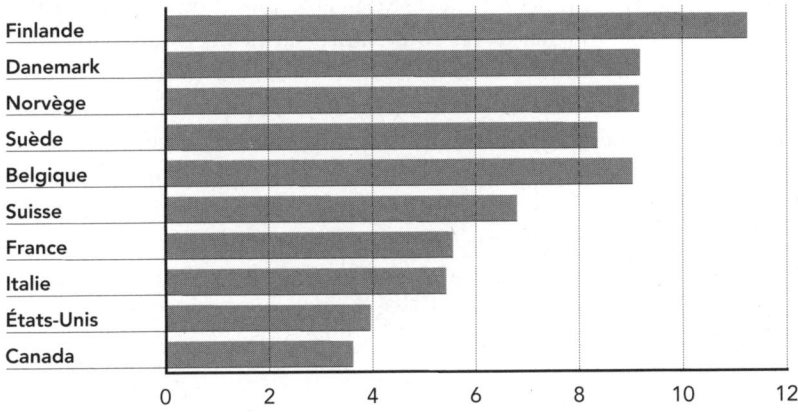

Source : Banque mondiale, Coffee Markets : New Paradigms in Global Supply and Demand, rapport n° 28300, mars 2004. Pour le Canada, calcul en kilogrammes établi à partir des données à la tasse du Coffee Association of Canada 2004 : <www.coffeeassoc.com/coffeeincanada.htm>.

sur la santé. Selon des chercheurs de l'Université Harvard, il contribuerait à prévenir les calculs biliaires, le diabète et la maladie de Parkinson[23].

Évidemment, les effets de la caféine diffèrent d'un individu à l'autre, et certaines personnes y sont plus sensibles que d'autres. Lorsqu'il est pris avec modération, toutefois, on lui attribue peu d'effets nocifs[24]. Il est généralement considéré comme un bon stimulant.

Le café politique

On dit que les Américains préfèrent le café au thé depuis le « Boston Tea Party » de 1773. On se souvient que peu avant la révolution américaine, alors que le mécontentement provoqué par les politiques britanniques de taxation et d'importation était à son comble, le contenu d'un cargo de thé fut jeté dans les eaux du port de Boston. À partir de ce moment-là, raconte-t-on, préférer le café au thé est devenu un geste patriotique, et le fait de boire du café, un choix politique. Comme nous le verrons, l'histoire se répète de nos jours : les gens commencent à choisir les cafés équitables et biologiques ou le café d'ombre pour des raisons politiques. Cette fois-ci, cependant, cela se passe dans plusieurs pays en même temps.

Aujourd'hui, on trouve du café dans tous les types de restaurants et épiceries de quartier. Il est consommé par des gens de divers âges et origines, aux goûts variés. Il est disponible à différents prix, surtout depuis l'ouverture d'innombrables cafés partout en Occident.

Étant donné que presque tout le monde en boit, le café est un produit de grande valeur commerciale. Les principaux acteurs de cette industrie exercent une influence considérable sur le marché mondial et, par conséquent, sur la vie des producteurs du Sud. Mais la popularité du café nous donne également à nous, consommateurs, un énorme pouvoir de changer les choses en exerçant notre droit de choisir, au moment de l'achat. En exigeant du café équitable, nous pouvons contourner la route conventionnelle du café. Si celui-ci est en plus certifié biologique et a été cultivé sous couvert forestier, nous contribuons encore davantage à la conservation des écosystèmes.

À qui appartiennent les marques que nous achetons ?

ALTRIA ÉTATS-UNIS

CAFÉS
A.D.C.
Blendy
BRIM
Cafe 1686
Café Crème
Café Sperl
Carte Noire
Dadak
Electra-Perk
General Foods
Goalie
International Coffees
Gevalia
Grand'Mère
Kaffee HAG
Jacobs Krönung
Jacobs Monarch
Jacques Vabre
Kenco
Maxim
Maxwell House
Mellow Roast
Nabob
Nova Brasilia
ONKO
Private Collection
Saimaza
Sanka
Splendid
Super Roast
The Spirit of Coffee
Traditional Roast
Yuban

Par l'entremise de sa filière Kraft, Altria torréfie les cafés de Second Cup et distribue les cafés de Starbucks dans les supermarchés.

ALIMENTATION
Tous les produits Nabisco et Kraft, ce qui correspond à plus de 200 grandes marques dont Aylmer, Baker's, Cheez Whiz, Christie, Côte d'Or, Dad's, Jello, Kool-Aid, Life Savers, Miracle Whip, Oreo, Oscar Mayer, Philadelphia, Ritz, etc.

CIGARETTES
Basic, Benson & Hedges, Marlboro, Merit, Parliament, Philip Morris, Virginia Slims, etc.

BIÈRES
Icehouse, Miller, Milwaukee's Best, Molson USA (majorité des actions), Molson Canada (intérêts importants), Red Dog, etc.

PROCTER & GAMBLE ÉTATS-UNIS

CAFÉS
Brothers
Epic
Flavor Filter
Folger's
High Point
Hills Bros
Mountain Grown
Millstone (offre quelques cafés certifiés biologiques et équitables)
Veneto's
Torréfie les cafés de McDonald's aux États-Unis

ALIMENTATION
Crisco, Olean, Pringles, etc.

AUTRES PRODUITS
Always, Ariel, Cover Girl, Crest, Didronel, Head & Shoulder, Oil of Olay, Pampers, Pantene Pro-V, Tampax, Tide, Vicks, Whisper, etc.

NESTLÉ SUISSE

CAFÉS
Bonka
Brava
Cains
Chase & Sanborn
Clasico
Dolca
Ristreto Classic
Columbia Select
European Roast
Flavor Roast
Gold Blend
Goodhost
High Yield
Hills Brothers
Loumidis
Maragor Bold
MJB
Mountain Blend
Nescafé
Panache
Perfect Balance
Ricoffy
Ricoré
Sark's
Silka
Stouffer's
Sunrise
Taster's Choice
Zoégas

ALIMENTATION
Carnation, Findus, Friskies, Libby's, Maggi, Nestea, Aero, After Eight, Drumstick, Kit-Kat, Smarties, Perrier, San Pellegrino, Stouffer's, Vittel, etc.

AUTRES PRODUITS
Alcon, L'Oréal (intérêts importants)

SARA LEE ÉTATS-UNIS

CAFÉS
Arabica & Robusta
Bravo
Café do Ponto
Café au lait
Caferto
Cafitesse
Cafuego
Chat Noir
Chock full o'nuts
La Touraine
Quickava
River Road
Cafés et thés Ireland
Continental
Décafé
Douwe Egberts
Emerald Cream
Finley
Friele
Gamelli
Gourmet Ground
Harris
Java Coast
Jacqmotte
Kanis & Gunnink
Laurentis
Maison du Café
Marcilla
Merrild
Metropolitan
Mildcafé
Moccona
Piazza
Piazza d'Oro
Pickwick
Prebica Estate Coffees
Pronto Café
Soley
Soleto
Seleto
Superior Coffee
Van Nelle Supra
Wechsler Coffee
World's Finest

ALIMENTATION
Ball Park, Bryan, Hillshire Farm, Hygrade, Jimmy Dean, Justin Bridou, Thés Paradise Tropical, Thé Pickwick, etc.

AUTRES PRODUITS
Abanderado, Bali, Champion, Coach, Dim, DKNY, Donna Karan, Hanes her Way, Just My Size, Kiwi, L'eggs, Playtex, Princesa, Rinbros, Sara Lee, Wonderbra, etc.

STARBUCKS   ÉTATS-UNIS
CAFÉS
Starbucks (offre quelques cafés certifiés biologiques, équitables ou cultivés sous couvert forestier)
Coffee Gemma
Coffee Connection
Espresso Luna
Frappucino
Kontakt
Proteo
Tazo Tea

VAN HOUTTE   CANADA
CAFÉS
Van Houtte
Christophe Van Houtte
Gérard Van Houtte
Orient Express
Café Pure
Red Carpet Food Services
Café Séléna

Plantation
Les amoureux du café (offre quelques cafés certifiés biologiques, équitables ou cultivés sous couvert forestier)
Caracas Coffee Services
Filter Fresh
McQuarrie's Coffee Services (majorité des actions)
The Coffee Group
Gold Cup Coffee Company Ltd
VKI Technologies
Perfect Brew
Regal Coffee Services

CARA   CANADA
CAFÉS
Principal actionnaire de Second Cup (le café est cependant torréfié par Kraft General Foods [Altria])

ALIMENTATION
Beaver Foods Limited, Café & Grill, Cara Airport Services, Cara Health Services, Summit Food, Service Distributors, Chalet Suisse et Toast!

Sources: Rapports annuels des entreprises pour l'année 2003; Jennifer L. Carman et Christine A. Kesler, Companies and their Brands, vol. 1 A-K, 18ᵉ édition, Gale Research, É.-U., 1998; «Investir», Les Affaires, n° 77, 22 février 1997; Canadian Corporate News, 4 mai 1999; «Investor's Report», The Financial Post Data Group, Toronto, 2 janvier 1999 (<www.financialpost.infomart.ca>); sites Internet de la U.S. Security and Exchanges Commission, <www.sec.gov>; formulaire 10-K de Procter & Gamble, 9 septembre 1998.

Chapitre V
Une autre voie pour les paysans

> *Quiconque travaille a droit à une rémunération équitable lui assurant ainsi qu'à sa famille une existence conforme à la dignité humaine.*
>
> Article 23, *Déclaration universelle des Droits de l'Homme*

PLUTÔT que d'encourager un système d'échange qui perpétue les inégalités entre consommateurs du Nord et producteurs du Sud, le commerce équitable cherche à développer un système d'échange alternatif. Il permet à des petits producteurs d'obtenir un meilleur prix pour leurs produits que lorsqu'ils les vendent par le réseau conventionnel. L'union faisant la force, par le biais de leur coopérative, ces paysans se donnent un accès plus direct aux marchés internationaux.

Comme l'illustre la route alternative du café (*voir figure 6*), le commerce équitable réduit le nombre d'intermédiaires, rapprochant le producteur du consommateur. Des ententes sont prises à l'avance entre la coopérative et l'acheteur afin d'assurer aux producteurs un débouché et un prix minimum garanti pour leur café. Certains importateurs et torréfacteurs paient à l'avance une part de la récolte ou offrent des prêts à faible taux d'intérêt aux organisations paysannes. En outre, grâce à la mise en commun des ressources, ces organisations mettent sur pied des projets collectifs en fonction des besoins identifiés par leur communauté. Santé, éducation, transport, agriculture ou autre : ce sont elles qui décident. Plus de 200 coopératives de café réparties dans 24 pays prennent part au mouvement du commerce équitable. Parmi elles se trouve l'Unión de Comunidades Indígenas de la Región del Istmo (UCIRI), située dans l'État d'Oaxaca, au Mexique.

Figure 6
La route équitable du café, de l'arbuste à la tasse

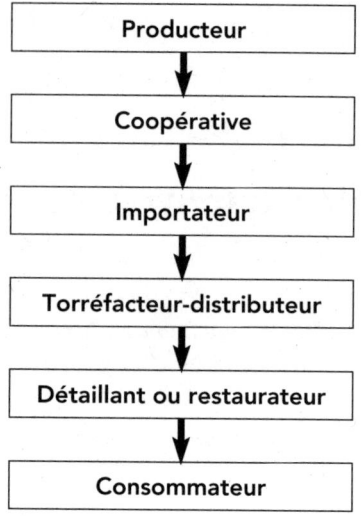

L'histoire de l'UCIRI

Il y a une centaine d'années, des gens de la vallée de l'Isthme sont montés dans les villages montagneux du Juarez pour proposer aux autochtones de cultiver du café. À cette époque, ces Zapotèques, Mixes, Miztèkes et Chontales vivaient en autosuffisance. Ils pratiquaient une agriculture de subsistance, comme leurs ancêtres l'avaient fait durant des milliers d'années. Ils ont commencé à produire du café tout en continuant à cultiver du maïs, des haricots noirs, des piments et d'autres aliments.

Dès le début, la vente du café s'est avérée difficile. N'ayant aucun moyen de transport, les paysans devaient vendre leur récolte à bas prix aux marchands qui montaient de la ville d'Ixtepec avec leurs mules et leurs chevaux pour chercher le café des montagnes.

À la fin des années 1970, une compagnie forestière est arrivée dans la région. Elle a construit des routes, a vidé les montagnes de leurs plus beaux arbres, puis est repartie aussi vite qu'elle était venue. Les vieux des villages où elle est passée racontent que le climat a changé depuis. Il fait plus chaud. Les zones immenses où elle a fait des coupes à blanc sont devenues semi-désertiques. Aujourd'hui, les cactus s'y multiplient.

La construction de routes vers plusieurs villages a facilité l'entrée d'acheteurs et de membres de l'Institut mexicain du café (INMECAFE), un organisme public, à l'époque en charge de la commercialisation du café. La situation s'est alors légèrement améliorée grâce au soutien de cette organisation gouvernementale, mais temporairement seulement. Les prêts offerts aux paysans pour les encourager à acheter de nouvelles semences, des pesticides et des engrais chimiques étaient assujettis à des taux d'intérêt élevés. Ainsi, certains producteurs ont accru leur rendement, mais en raison de la faiblesse des prix et de l'endettement, la situation de la plupart d'entre eux ne s'est guère améliorée. Les produits chimiques ne les aidaient qu'à court terme, hypothéquant leur santé et leur environnement.

Ayant abandonné certaines cultures traditionnelles et s'étant habitués à diverses ressources provenant de l'extérieur de leur communauté (certains aliments, matériaux de construction, etc.), ils étaient devenus dépendants de la vallée.

Les autochtones
par Éric St-Pierre

Les Zapotèques, les Mixes, les Miztèkes et les Chontales de l'UCIRI font partie des 16 ethnies autochtones présentes dans l'État d'Oaxaca[1]. Celles-ci comptent pour la moitié de la population de l'État, qui représente la plus grande diversité culturelle du pays. Chacune a sa langue, ses coutumes et son habillement traditionnels, issus de plus de 10 mille ans d'histoire[2].

Cinq siècles avant Jésus-Christ, les Zapotèques avaient fondé Monte-Alban, fort probablement la première cité d'Amérique. À cette époque, ils cultivaient déjà le maïs et les haricots noirs, vivaient de manière sédentaire et utilisaient trois types de calendriers fondés sur le cycle des cultures, les célébrations religieuses et le mouvement des astres.

Aujourd'hui, les cultures autochtones sont toujours bien vivantes et plusieurs pratiques traditionnelles forment la base des activités sociales, économiques et politiques des communautés indigènes. Le *tequio* est un système de travail communautaire bénévole offert par toutes les familles du village pour des projets collectifs, tels l'accès à de l'eau potable, la construction d'écoles ou d'autres activités [3]. Chaque chef de famille y consacre au moins une journée par mois. Le système politique en vigueur dans la majorité des communautés a pour nom *usos y costumbres* (us et coutumes). Les conseillers municipaux et autres représentants du village sont élus par consensus lors d'assemblées composées d'un membre de chaque famille, traditionnellement l'époux ou le père. Il s'agit d'un système sans parti politique qui privilégie le bien-être collectif et le partage des responsabilités entre tous les membres de la communauté [4].

Les changements dus aux influences internes et externes sont omniprésents et souvent très rapides dans les communautés. L'accès aux routes, l'entrée de nouveaux produits, l'introduction d'un système politique fondé sur les partis, l'arrivée de nouvelles croyances religieuses, l'alcool, les drogues illégales, l'agriculture d'exportation, l'accroissement de la population et la détérioration des milieux naturels mettent au défi l'équilibre des systèmes sociaux, économiques et politiques traditionnels.

Depuis la fin des années 1960, cependant, plusieurs organisations locales ont vu le jour. Elles ont permis de valoriser le savoir traditionnel, l'expérience, les habiletés des populations locales et leur participation à leur propre développement. Plusieurs de ces groupes ont formé des associations qui œuvrent à l'échelle nationale et internationale. En unissant leurs efforts, les autochtones ont accru leur pouvoir, ce qui leur a permis de mieux se faire entendre.

Les premiers pas
En 1981, un groupe de paysans de la région de l'Isthme et une équipe de missionnaires catholiques de la théologie de la libération organisèrent une rencontre afin d'analyser la situation. Ils en vinrent aux conclusions suivantes :

- Le prix du café est trop bas, il ne nous permet pas de répondre à nos besoins de base.

- Les banques ne nous prêtent pas d'argent parce que nous n'arrivons pas à payer les intérêts.
- Nous n'avons pas suffisamment à manger.
- Notre santé est précaire et il n'y a pas assez de services médicaux. Les médicaments sont trop chers. La maladie nous fait perdre des heures de travail et fait souffrir nos familles.
- Le système de transport est mauvais et très cher.
- Plusieurs villages n'ont aucun accès aux services d'eau potable, d'électricité, de téléphone ni de télégraphe.
- L'éducation donnée à nos enfants est déficiente. Les professeurs s'absentent beaucoup.
- Nos maisons sont en mauvais état. Nous voudrions les améliorer ou en construire de nouvelles, mais nous n'avons pas d'argent.
- Les prix des denrées alimentaires sont trop élevés et les tablettes des magasins d'alimentation souvent vides [5].

Après avoir fait le point sur leurs problèmes, ils ont ensuite identifié leurs richesses. Les deux premières étaient la force de leur communauté et l'environnement qu'ils habitaient. Ils ont ensuite parlé du café, la seule source de leurs maigres revenus.

À la suite de cette rencontre, un groupe de paysans, soutenu par les missionnaires de la théologie de la libération de la paroisse de Guienagati et du diocèse de Tehuantepec, commença à s'organiser, donnant naissance à l'UCIRI. Ensemble, ils firent des démarches afin de trouver de meilleurs débouchés pour le café. L'expérience fut fructueuse, surtout à partir de 1983, lorsque l'UCIRI obtint un statut juridique qui lui donnait le droit d'exporter directement vers les pays du Nord. La coopérative regroupait alors des familles de 17 communautés.

À l'étranger, l'UCIRI obtint de l'appui. Grâce à la collaboration de Frans Van der Hoff, un prêtre néerlandais activement engagé dans l'organisation, des liens furent établis avec des associations de commerce équitable d'abord aux Pays-Bas (SOS) et en Allemagne (GEPA), puis ailleurs en Europe et en Amérique du Nord. En plus d'acheter directement le café de la coopérative à des prix plus élevés, ces organisations ont aidé les petits caféiculteurs à améliorer la qualité de leur produit et à le vendre sur le marché international [6].

Figure 7
Cartes de localisation
Mexique, État de Oaxaca, zone d'activités de l'UCIRI

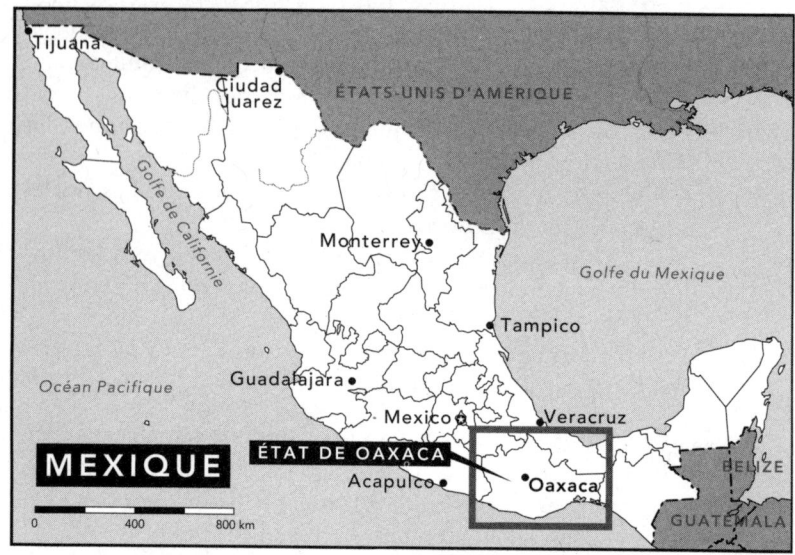

Afin de parvenir à exporter directement, les membres de la coopérative ont dû se familiariser avec le système. Comme l'explique Pedro Figero Chavez, paysan de San José el Paraíso :

> Il nous a fallu apprendre à peser le café, faire des reçus, nous procurer des sacs et des camions pour le transport. Certains ont surmonté leur peur d'aller en ville, d'autres ont apprivoisé le téléphone. [...] Avant, la seule machine que nous connaissions était le petit moulin manuel. La majorité d'entre nous n'étions jamais allés dans une grande ville [7].

Le permis d'exportation fut très difficile à obtenir. Plusieurs fois, des délégués ont été dépêchés à Oaxaca et même à Mexico pour se faire entendre, ce qui leur a fait perdre plusieurs jours de travail. Les coyotes voyaient d'un mauvais œil qu'une organisation paysanne brise leur monopole. L'UCIRI fut traitée de communiste et de subversive [8]. Ses membres eurent droit à de nombreuses manœuvres d'intimidation et mesures de représailles de la part des commerçants locaux, voire même des fonctionnaires et des autorités locales et nationales.

À plusieurs reprises, les membres de l'UCIRI furent victimes d'agressions : entre 1985 et 1992, 37 hommes, femmes et enfants furent assassinés [9]. Leur seul crime était d'avoir cherché à combattre la pauvreté et l'exploitation en tentant de mettre sur pied une organisation sociale. En mars 1994, les militaires firent irruption à l'école d'agriculture de l'UCIRI à San José el Paraíso. Le gouvernement accusait faussement l'organisation d'être un centre de formation paramilitaire soutenant le mouvement zapatiste du Chiapas.

Comme le souligne Roberto Raygoza Beltran, conseiller auprès des membres de l'UCIRI, « le contexte dans lequel travaille l'UCIRI n'est pas facile. Il est dur de maintenir la motivation des gens surtout quand ils se sentent menacés. Il faut beaucoup de courage pour poursuivre sa lutte quotidienne [10]. »

En mettant en place son propre système de transport, l'UCIRI a taillé une brèche dans le monopole des coyotes. L'accès à différentes marchandises fut ainsi facilité et le café put être expédié plus facilement à l'extérieur des villages. Mais il y avait plus. Circulant sur les routes, les chauffeurs de l'UCIRI étaient témoins du commerce de la marijuana. En dénonçant la contrebande, l'UCIRI se fit des ennemis tant auprès des coyotes qu'auprès des autorités locales dont certains membres étaient impliqués dans ce trafic. Il faut comprendre que le commerce de la drogue jouait un rôle important dans l'économie de la région et fut générateur de beaucoup de violence au sein des communautés.

Une démocratie participative

Malgré toutes les difficultés, l'UCIRI n'a fait que croître depuis ses débuts officiels en 1983. L'organisation regroupe maintenant 2720 familles dispersées dans 56 communautés.

Une fois par mois, les membres de chaque village qui ont choisi de s'impliquer dans la coopérative tiennent une assemblée dans leur communauté. Chacune d'elle a son propre conseil d'administration, chargé de veiller au bon déroulement des activités locales, tant en ce qui a trait au café qu'aux autres projets de l'organisation.

Cliserio Villanueva Solana, ancien président de l'UCIRI dans la communauté de Guadalupe, explique :

> Ici, il n'y a pas beaucoup de problèmes car ce sont les membres qui décident de ce que l'on fait. Chacun a droit de parole. Quelle que soit l'opinion de chacun, nous décidons tous ensemble de ce qui est le mieux pour tous. Ici règnent la démocratie, l'égalité et le respect de soi et des autres [11].

Plusieurs des communautés engagées dans l'UCIRI sont formées de paysans zapotèques, un groupe autochtone de type matriarcal où le contrôle de la plupart des affaires sociales et économiques de la famille était traditionnellement confié aux femmes. Les choses ont changé à la suite de l'arrivée des Européens, qui ont imposé leur système patriarcal. Les titres de propriété ou d'utilisation des terres communales ont été enregistrés au nom des hommes. Lorsque les gens de la vallée sont venus proposer la culture du café, c'est aussi aux hommes qu'ils se sont adressés. Cela a eu pour effet de modifier l'équilibre des pouvoirs au sein des familles zapotèques.

Ainsi, même si l'UCIRI se définit comme une organisation démocratique ouverte et égalitaire, les familles sont généralement représentées par les hommes lors des assemblées. Consciente de ce déséquilibre, l'organisation s'efforce d'encourager une plus grande participation féminine. Des groupes de femmes se sont formés, favorisant une implication plus directe au sein de l'organisme. Comme l'explique Frans Van der Hoff, qui a soutenu le développement de

Figure 8
Structure organisationnelle de l'UCIRI

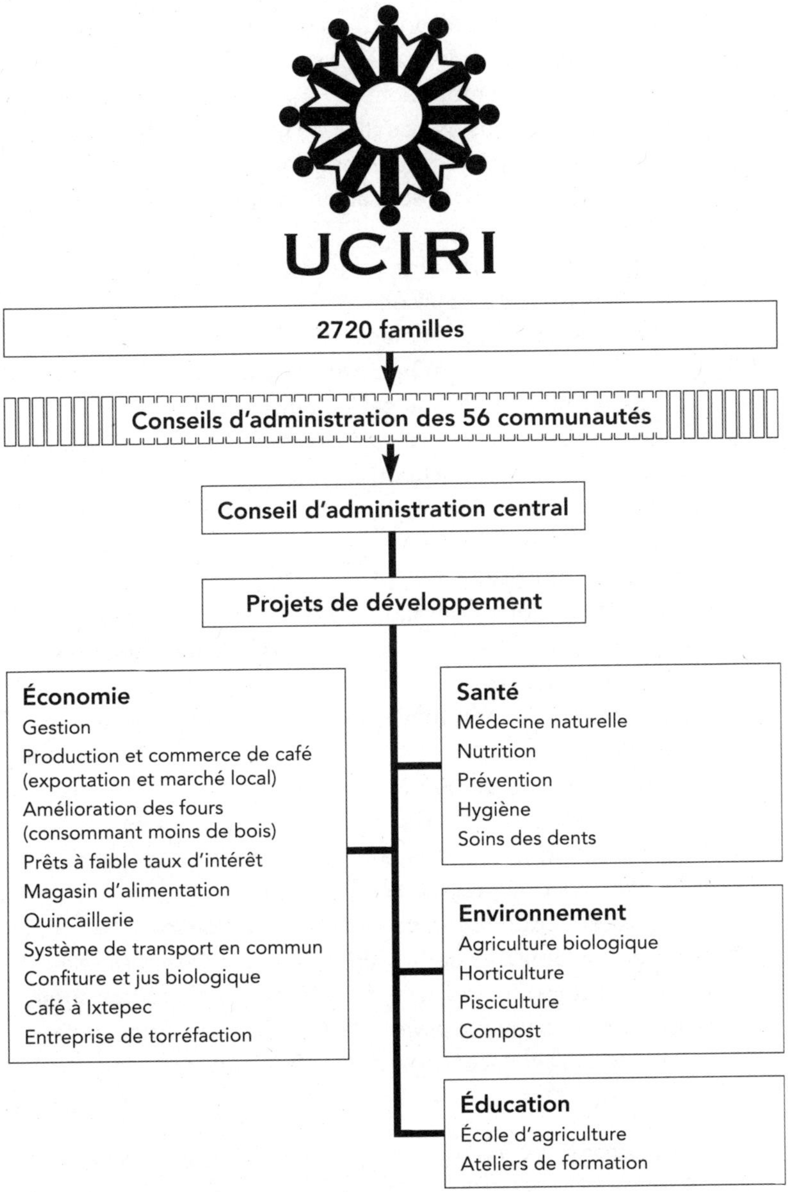

2720 familles

Conseils d'administration des 56 communautés

Conseil d'administration central

Projets de développement

Économie
Gestion
Production et commerce de café
(exportation et marché local)
Amélioration des fours
(consommant moins de bois)
Prêts à faible taux d'intérêt
Magasin d'alimentation
Quincaillerie
Système de transport en commun
Confiture et jus biologique
Café à Ixtepec
Entreprise de torréfaction

Santé
Médecine naturelle
Nutrition
Prévention
Hygiène
Soins des dents

Environnement
Agriculture biologique
Horticulture
Pisciculture
Compost

Éducation
École d'agriculture
Ateliers de formation

Les règlements généraux de l'UCIRI

Notre organisation est ouverte à tous les paysans qui veulent lutter pour améliorer leurs conditions de vie et qui sont prêts à respecter les principes et les critères de l'UCIRI.

1. Accepter d'être membre actif.
2. Assister aux réunions mensuelles de même qu'aux cours de formation offerts périodiquement dans la communauté de Lachiviza et au Centro de educación campesina (CEC, Centre d'éducation paysanne).
3. Lors des rencontres de l'organisation à Lachiviza ou à Ixtepec, éviter les boissons alcoolisées.
4. Être honnête sur tous les plans.
5. Ne pas être coyote, ni même petit coyote. (C'est-à-dire ne pas acheter ni revendre du café d'autres producteurs.)
6. Ne vendre que son propre café. Éviter même de vendre le café d'un frère, d'un oncle ou d'un ami.
7. Ne pas appartenir à des organisations compromettantes.
8. Être un véritable paysan.
9. Ne pas être opportuniste.
10. En cas d'expulsion pour mauvaise conduite, l'assemblée de l'Union analysera le cas de chaque membre qui souhaite s'y joindre de nouveau.
11. Ne pas cultiver de marijuana ni d'autres plantes liées au commerce de la drogue.
12. Ne pas détenir d'équipement militaire.
13. Ne pas utiliser de pesticides ni d'engrais chimiques.
14. Fabriquer et appliquer des engrais biologiques (compost).
15. Respecter ses obligations d'ordre culturel.
16. Être disposé à donner un coup de main au besoin.
17. Adhérer aux objectifs de l'UCIRI, qui ne consistent pas seulement à lutter pour la cause du café mais à s'occuper aussi de questions relatives à la vie, à la santé, à la vie domestique, au TCO (travail collectif organisé), à l'agriculture biologique, à l'école, etc.

Source: *Traduction libre d'un document de l'UCIRI intitulé ¿Quiénes Somos? Nuestro Caminar,* Pasos, n° 28, novembre 1991, p. 41-42.

l'UCIRI depuis ses débuts, la contribution des femmes au processus démocratique peut aussi être vue sous un autre angle :

> Dans la vallée plus que dans la sierra, les Zapotèques ont des coutumes franchement matriarcales. Même si les hommes assistent aux réunions, cela ne veut pas nécessairement dire qu'ils ont le dernier mot. Nous avons découvert que les réunions duraient deux jours parce que les Marianos et les Gueveanos devaient consulter leurs femmes et que parfois, ils revenaient le deuxième jour avec une décision contraire à ce qui avait d'abord été suggéré. Même si la tradition matriarcale n'est plus aussi forte qu'auparavant, les femmes continuent de jouer un rôle extrêmement important [12].

Donner du temps

Chacune des 56 communautés mandate un représentant de son organisation locale pour participer aux assemblées mensuelles qui se tiennent à Lachiviza, petit village où sont situés les quartiers généraux de la coopérative. Chacun discute alors de ce qui se passe dans son organisation locale. C'est l'occasion de trouver des solutions à des problèmes communs et de s'informer de ce qui se passe dans l'ensemble de l'organisation. De retour dans leur collectivité, les délégués font le compte rendu des discussions tenues.

L'UCIRI compte un conseil d'administration central qui est responsable de l'application des décisions prises lors des réunions. Il est formé de trois membres : un président, un secrétaire et un trésorier. On y retrouve également un responsable de la vigilance, qui voit à ce qu'il n'y ait pas de corruption. Tous les trois ans, les membres de l'UCIRI élisent par vote direct en assemblée les membres du conseil d'administration central et le responsable de la vigilance. Malgré tout le travail que cela représente, les élus de l'UCIRI ne reçoivent pas de revenus supplémentaires. Ces postes sont considérés comme une manière de rendre service à l'organisation et à la communauté.

Être membre de l'UCIRI exige beaucoup de temps et d'engagement. Chaque famille donne en moyenne une trentaine d'heures par mois, que ce soit en temps de service pour le transport, le fonctionnement du moulin à maïs, le projet de santé communautaire, ou qu'il s'agisse d'une participation à des ateliers de formation, etc. La participation aux réunions et à certains projets communautaires est obligatoire. Dans les communautés où un grand nombre de familles prennent part à la coopérative, les tâches sont réparties entre plusieurs personnes, ce qui allège celles de chacun. Par contre, dans les villages où seule une petite proportion des familles en fait partie, la charge de travail de chacun peut s'avérer assez lourde.

De retour à Guadalupe après quelques années
Il est cinq heures du matin. Après deux heures de route sur les petits chemins de terre sinueux qui séparent San José el Paraíso du village de Guadalupe, nous arrivons enfin. C'est Mao qui nous y conduit avec le camion de l'UCIRI. Il nous dépose près du terrain de basket-ball, au cœur du village. Bien que les autochtones soient petits comparativement aux gens du Nord, aucun sport n'est aussi pratiqué que celui-là. Chaque village de la région a son terrain. Il s'agit d'une plate-forme de ciment, également fort utilisée pour sécher le café.

Le soleil est encore caché par les montagnes. La lumière pointe au loin. Des silhouettes de femmes ayant une petite chaudière à la main convergent d'un pas pressé vers un petit local éclairé. On y entend le bruit d'un moteur. Elles vont moudre le maïs qui servira à faire les tortillas de la journée. Chaque matin, les femmes se rendent ainsi au moulin.

Mon cœur bat la chamade. J'ai l'impression de rentrer chez moi après une longue absence. Je connais bien les gens d'ici. Je reconnais l'odeur des fleurs qui se mélange à celle du bois qui brûle. Les petits fours en terre sont allumés. Ils attendent le retour des femmes et de leurs mains travaillantes qui y déposeront la pâte traditionnelle de maïs qui nourrit la population de l'Isthme depuis qu'il y en a une. Une journée sans tortillas est difficile à envisager pour quiconque habite cette région.

Hugo a notre gros sac sur le dos. Moi, je porte Colin encore tout endormi. Nous nous dirigeons vers la maison de Félix et d'Adela. Dans la pénombre, je reconnais Adela qui va vers le moulin. «¡Mi hija!» (Ma fille!) s'exclame-t-elle en me voyant et en me prenant dans ses bras. «Adela, chère Adela! Je viens te présenter ma famille. Je te l'avais promis», lui dis-je en espagnol. L'amour que je ressens pour cette femme est immense. Elle m'a tant appris. Elle nous dit d'aller à la maison, qu'el señor (le monsieur, comme elle appelle son mari) y est. Elle nous dit de l'attendre, qu'elle s'en vient.

Félix est déjà au travail. Il étend sur le pavé les grains de café qu'il a laissé fermenter et a lavés la veille. Une fois bien rincés, ceux-ci sécheront au soleil le jour durant. *Surpris de me voir apparaître avec Hugo qui lui semble être un géant et Colin qui n'a que 18 mois, il sourit, content. Il me donne des nouvelles de tout le monde. J'apprends que Genaro, le petit-fils qu'ils ont élevé comme leur fils, est devenu militaire.*

Bien que les militaires mexicains aient grandement contribué à l'oppression des populations autochtones, bon nombre de leurs jeunes s'y sont enrôlés. La pauvreté et l'envie d'aventure sont souvent ce qui pousse ces jeunes hommes à une telle décision. Comparativement au revenu d'un paysan, le salaire militaire est fort intéressant. La nourriture, l'école, les soins de santé, les déplacements, tout est payé et organisé. La famille d'un militaire a aussi droit à divers avantages.

Après avoir fait les tortillas avec Adela, nous entrons partager le déjeuner dans la cuisine. Elle est toute petite. Nous devons garder la tête penchée pour ne pas accrocher les viscères de bœuf qui sèchent suspendus au plafond. Comme tout le monde, Félix et Adela vivent sans frigo. C'est ainsi qu'ils conservent la viande. Au menu: frijoles (fèves noires), tortillas et viande de bœuf séchée. C'est le menu de tous, trois fois par jour, avec le bœuf en moins et de temps en temps un œuf, un bout de fromage, une pomme de terre ou quelques plantes vertes ajoutées aux frijoles. Tout dépend des moyens de la famille et de la saison. Pour eux, ça dure la vie entière. Nous mangeons et buvons un café très sucré, le tout servi dans des couverts en plastique.

La première fois que je suis venue dans la région, je me souviens d'avoir admiré leur poterie d'un brun doré agrémenté de fleurs vertes et rouges. En six ans, celle-ci a presque complètement disparu tant des maisons que des marchés locaux. Les couverts sont maintenant en plastique ou parfois en métal. La plupart sont Made in China. *Ça coûte moins cher et ça ne se casse pas.*

Une journée de cueillette

Après le petit-déjeuner, il est grand temps de partir aux champs. Félix attelle ses deux bestiaux, rapaille des sacs de jute et tout ce qu'il faut pour récolter le café. Adela apporte le repas du midi et nous partons. En cours de route, Yahulini, Jonathan, Lugarda, Marcela, Ana Bertha, Gabriel, Irene et Honario se joignent au cortège qui gravit la montagne. La famille de Félix et d'Adela vient les aider. Le café doit être ramassé dans les meilleurs délais sans quoi il perdra en qualité.

Une heure durant, nous marchons sur de magnifiques petits sentiers escarpés. Les oiseaux chantent de partout, enterrant presque le son du ruisseau qui coule tout près de nous. Toutes sortes de lianes, d'orchidées et de lichens décorent d'immenses arbres tropicaux comme si c'était Noël. Nous montons tous à la queue leu leu derrière les ânes. Arrivé à la plantation, tout le monde se met au travail, sauf Yahulini et Jonathan, les deux petits-enfants de Félix et d'Adela qui s'amusent avec Colin comme si c'était une poupée. Ils n'ont jamais vu de bébé blond aux yeux bleus. Ça les fait rigoler.

Chacun s'attache à la ceinture un sac en tissu et un panier : l'un est destiné aux beaux grains rouges de qualité et l'autre à ceux qui sont déjà trop mûrs et un peu séchés. Nous cueillons les fruits d'une vieille plantation que Félix et Adela se refusent à remplacer. Ils la travaillent depuis plus de 20 ans. S'ils suivaient les conseils du technicien de l'UCIRI, ils abattraient les vieux caféiers et en planteraient de nouveaux. Il leur faudrait alors attendre quatre ans avant d'obtenir une nouvelle récolte. Cela représente beaucoup de travail et de temps pour Félix et Adela qui ont plus de 65 ans. Il s'agit aussi d'un gros investissement lorsque les cours du café sont aussi bas. Seul le meilleur café est exporté au prix équitable, le reste est vendu à bas prix. Même le prix équitable et biologique n'est pas si élevé que cela, une fois tout le travail calculé. Ainsi, malgré l'augmentation du coût de la vie, surtout au Mexique après l'entrée en vigueur de l'ALENA, le prix minimum équitable est resté à 1,26 $ la livre depuis 1988 et 1,41 $ la livre s'il est en plus certifié biologique. Ces prix ont beau être nettement au-dessus des cours du marché mondial, quant à moi, il est grand temps qu'ils soient augmentés. Il faudrait au moins qu'ils tiennent compte de l'inflation des 16 dernières années.

Adela descend de la branche où elle était perchée pour cueillir le café. Elle va préparer le dîner, en bas des caféiers. Son regard est doux et son visage ridé est rempli de bonté. Accroupie dans sa grande jupe bleu ciel à grosses fleurs roses et blanches, elle fait un petit feu et prépare du café pour tout le monde. Elle remplit une vieille casserole en fer avec l'eau du ruisseau qui coule tout près. Elle y jette une poignée de café et de sucre. Les frijoles et les tortillas se font réchauffer. Tout le monde vient manger.

Malgré la chaleur, chacun reprend son travail après le repas. Nous arrêtons de cueillir vers les cinq heures. Félix pèse le café et charge ses mulets. Les gens qui ont aidé à la récolte sont payés en café qu'ils consommeront ou vendront eux-mêmes.

Nous reprenons le sentier, cette fois beaucoup plus chargés. En plus du café, nous rapportons aussi du bois qui servira à faire la cuisine. Le chemin descend à pic. Il faut faire attention de ne pas tomber.

De retour à la maison, d'autres tâches nous attendent. Il faut maintenant trier et dépulper le café. Félix le passe dans le petit moulinet. Il faut le laver, le laisser fermenter, le relaver, le faire sécher et le trier encore une fois. Le travail s'arrête à neuf heures du soir et reprendra avant le lever du jour le lendemain. Même Hugo, avec sa tonne de muscles et son endurance légendaire, est exténué. Maintenant, il comprend mieux pourquoi je défends le commerce équitable.

Adela Guzmán López.

Félix Terán Mendoza.

Les projets de l'UCIRI
La culture et la vente de café à travers le réseau du commerce équitable permettent aux membres de l'UCIRI d'atteindre différents objectifs qui vont bien au-delà de l'augmentation du revenu familial. Les bénéfices réalisés ne sont pas uniquement distribués parmi les producteurs. Ils servent aussi à financer des projets communautaires destinés à améliorer la qualité de vie de la population dans son ensemble. Pour chaque livre de café vendue à travers le réseau équitable, au moins cinq sous sont investis dans des projets collectifs mis sur pied par les membres de l'organisation.

Une agriculture biologique

> À l'UCIRI, l'écologie n'est pas seulement une nécessité ou une manière de survivre. Pour nous, paysans autochtones, la Terre ne nous appartient pas, nous lui appartenons. La Terre est notre mère puisque du fruit de ses entrailles naissent et grandissent les aliments de notre vie. C'est à nous d'en prendre soin, de la cultiver et de la défendre parce qu'elle est l'unique héritage que nous avons pour nos enfants [13].

La forêt subtropicale constitue un écosystème complexe et fragile. Or, la population de l'Isthme augmente et les pressions sur l'environnement s'intensifient.

Cliserio Villanueva Solana, un aïeul du village de Guadalupe, raconte qu'il y a une trentaine d'années, les gens de la région pratiquaient une agriculture sur brûlis. La rotation des cultures se faisait selon un cycle de 20 à 25 ans. Les paysans brûlaient les arbres et les broussailles se trouvant sur la terre qu'ils voulaient cultiver. Les cendres servaient d'engrais. Ils cultivaient différentes espèces végétales à tour de rôle, puis laissaient reposer la terre plusieurs années avant de la réensemencer.

À la suite de l'accroissement de la population dans la région, le temps de jachère s'est vu progressivement réduit et le cycle raccourci de moitié. Les mêmes parcelles sont maintenant brûlées tous les trois à sept ans. Ce laps de temps ne permet plus au sol de se régénérer, ce qui contribue à l'érosion des sols. La fréquence des brûlis détruit progressivement l'habitat d'espèces animales et végétales importantes pour le maintien de l'équilibre de l'écosystème.

Dans le but d'augmenter la productivité et de lutter contre les insectes et les plantes indésirables, divers programmes gouvernementaux ont encouragé les paysans à utiliser des engrais chimiques et des pesticides. Aux dires de plusieurs petits producteurs, ces mesures ont davantage bénéficié aux entreprises agrochimiques qu'aux paysans à qui elles étaient destinées.

Afin d'éviter la dépendance et la contamination causées par l'utilisation de pesticides et d'engrais chimiques, les paysans de l'UCIRI ont opté pour l'agriculture biologique. Pour eux, qui parlent de la Terre comme de leur mère et même un peu comme d'une déesse (*Madre Tierra*), ces pratiques agricoles correspondent à leurs valeurs.

Grâce à l'UCIRI, presque chaque communauté a maintenant son technicien en agriculture dont la tâche consiste à initier les paysans aux méthodes d'agriculture biologique et à leur faire abandonner la culture sur brûlis. Ce conseiller est responsable d'une parcelle de terre où tous travaillent ensemble à développer de nouvelles méthodes, non seulement pour la culture du café mais aussi pour celle du maïs, des fèves noires et d'autres aliments.

Les méthodes biologiques nécessitent généralement plus de travail, de soins et de connaissances que l'agriculture chimique. Il faut défricher à la main, faire du compost, tailler les caféiers, connaître et planter une plus grande diversité d'espèces végétales qui enrichiront le sol ou serviront de pesticides naturels contre certaines maladies et insectes.

Les caféiers biologiques sont entourés d'arbres qui leur procurent de l'ombre et maintiennent l'humidité du sol. Afin de prévenir l'érosion, les paysans construisent des terrasses soutenues par des structures de bois, de pierres ou d'autres végétaux à fortes racines.

Si l'agriculture biologique demande plus de travail, elle procure aussi de multiples avantages : la qualité du café est supérieure, le prix payé aux producteurs est plus élevé et l'équilibre des sols de même que la santé des paysans sont préservés. Avant de pratiquer l'agriculture biologique, les paysans de l'UCIRI récoltaient environ cinq sacs de café par hectare, aujourd'hui ils en cueillent jusqu'à 12 sur la même superficie [14]. Chaque famille consacre en moyenne de 2 à 5 hectares au café et de 5 à 8 hectares à l'agriculture de subsistance, elle aussi pratiquée sans utilisation de produits chimiques. Leur café bio est certifié par l'organisme allemand Naturland et par Certimex au Mexique.

Les méthodes d'agriculture biologiques protègent la biodiversité en permettant à la faune et à la flore locales de s'épanouir. D'un point de vue économique, elles fournissent aussi diverses ressources aux familles dont des fruits et des légumes, de même que du bois. Cela permet de satisfaire leurs besoins tout en maintenant l'équilibre écologique. L'agriculture biologique est un moyen très concret de réduire les innombrables coûts environnementaux et sociaux engendrés par le système conventionnel de production du café.

Une école d'agriculture dans la forêt
En 1986, l'UCIRI a mis sur pied sa propre école d'agriculture sans aide gouvernementale. Le Centro de educación campesina (Centre d'éducation paysanne, CEC) fut la première école secondaire de la région et est encore aujourd'hui son unique école d'agriculture. Chaque année, elle forme 25 jeunes, filles et garçons de 15 à 20 ans. Ceux-ci réintègrent ensuite leur communauté et partagent les connaissances qu'ils ont acquises avec « les vieux », comme ils disent. Plusieurs deviennent alors les techniciens en agriculture biologique de l'UCIRI. D'anciens étudiants du CEC travaillent aussi avec d'autres organisations paysannes de l'État d'Oaxaca, du Chiapas et même du Guatemala et de la Bolivie.

Lors de leur passage au CEC, ces jeunes suivent des cours d'espagnol, de mathématiques, d'histoire, de géographie et d'écologie, mais reçoivent avant tout une formation pratique qui sera utile à leur communauté. Ainsi, ils apprennent les bases de l'agriculture biologique en la pratiquant au quotidien dans les champs et avec les animaux d'élevage de l'école. Il leur est enseigné à prévenir les maladies des plantes et des animaux en les faisant croître dans un environnement équilibré. Ils n'utilisent pas d'engrais ni de pesticides chimiques, mais apprennent à en préparer à partir d'ingrédients naturels. Les activités de l'école commencent à 7 heures et se terminent à 20 heures. Du temps est prévu pour des activités sociales, culturelles et sportives tous les jours. Les étudiants comme les professeurs habitent sur le site de l'école, à San José el Paraíso, à six heures de route d'Ixtepec, la ville la plus proche.

Ce que ces jeunes ont à nous dire...
Lors de mon dernier séjour à l'UCIRI, j'ai passé une dizaine de jours au CEC. J'étais intriguée par ces jeunes autochtones, dont la majo-

rité étaient des garçons. Je les trouvais étonnamment déterminés pour leur âge.

Un après-midi, j'ai été invitée à leur donner un petit atelier sur la mondialisation et le commerce équitable. J'ai parlé de ce mouvement dans les pays du Nord. Ils m'ont posé beaucoup de questions. Quand je leur ai dit que dans les cafés de Montréal, les gens payaient souvent 2 $ pour un café conventionnel, j'ai vu leurs yeux s'écarquiller. Certains riaient, ayant l'air de nous trouver complètement fous, d'autres avaient l'air un peu fâché. Je l'aurais été tout autant, sachant que pour cette tasse, les producteurs de café qui ne bénéficient pas du commerce équitable reçoivent souvent moins de 0,03 $. Même en ajoutant le prix du lait et du sucre (pour lesquels les producteurs ne reçoivent pas un prix élevé non plus), les frais de transport, de torréfaction, d'emballage, d'établissement, etc., l'écart demeure énorme.

À la fin de ma présentation, je leur ai demandé de répondre anonymement à deux questions. La première était : « Qu'est-ce que vous aimeriez dire aux gens qui habitent au Canada et aux États-Unis ? » Voici quelques-unes des réponses qu'ils ont inscrites sur leur bout de papier[15].

- J'aimerais leur dire que le café est important pour nous. C'est beaucoup de travail. J'aimerais qu'ils nous le paient un meilleur prix. Même le prix équitable et bio devrait être plus élevé.
- Qu'ils laissent vivre les paysans en paix.
- Qu'ils viennent voir tout le travail que représente la culture du café. Qu'ils voient comment nous travaillons et vivons.
- J'aimerais leur dire que malgré le fait que nous travaillons tout le temps, nous sommes pauvres.
- Qu'ils se contentent de ce qu'ils ont et arrêtent de faire des pressions sur les populations indigènes en s'emparant de leurs plantes médicinales et de leurs connaissances.
- J'aimerais qu'ils m'expliquent comment aller travailler chez eux.
- Que les grandes compagnies cessent d'exploiter les pays pauvres.
- Qu'ils écoutent tous ceux qui disent ne pas vouloir vivre sous les règles du néolibéralisme.
- J'aimerais leur parler de l'UCIRI et de tout le travail que nous faisons.

La deuxième question portait sur leurs rêves. Je leur ai demandé ce qu'ils souhaiteraient le plus si tout était possible.
- Mon rêve est de prendre soin de la terre et de cultiver la vie qui se trouve en elle.
- Mon rêve est d'être paysan autant que je peux. Parce qu'à la campagne, nous produisons beaucoup de choses desquelles les autres dépendent. Nous, nous dépendons directement de la terre. Certains paysans partent pour les États-Unis en espérant gagner plus d'argent. Il n'y a pas de doute, ils changent de vie. Mais à la campagne, c'est plus tranquille. Avec l'organisation UCIRI, on peut faire plus.
- Mon rêve est de faire en sorte que tous mes compagnons paysans travaillent ensemble. J'aimerais les aider autant que je peux à ce qu'ils sentent qu'ils sont des paysans courageux.
- J'aimerais devenir technicien pour pouvoir appuyer les communautés et amener l'UCIRI plus loin.
- Connaître les États-Unis et apprendre comment travailler avec d'autres.
- J'aimerais aller visiter les États-Unis, aussi travailler et aussi prendre soin de la terre pour qu'elle nous offre ses fruits, à nous paysans.
- Étudier et connaître plus de choses importantes.
- Qu'il y ait plus d'argent pour les pauvres.
- Être quelqu'un qui aide sa communauté.
- Aider les organisations de chaque communauté.
- Connaître le Canada. Comment ils vivent. J'aimerais apprendre d'eux et qu'ils apprennent de moi. J'aimerais trouver un moyen de bien gagner ma vie.
- Que nous soyons une bonne organisation.
- Que nous soyons plus autonomes.
- Voyager.
- Mon rêve : l'égalité. Que les entreprises multinationales disparaissent. Je souhaite plus d'égalité pour le monde entier et à manger pour tous.

La santé des gens de la montagne

Améliorer l'alimentation et les conditions d'hygiène est à la base du programme de santé communautaire de l'UCIRI. La plupart des communautés étant isolées, il est plus facile de prévenir les maladies que de les guérir.

Dans ce but, l'UCIRI a mis sur pied une équipe de personnes chargées de promouvoir la santé. La plupart sont des femmes provenant des différentes communautés. Montrant un intérêt particulier pour la santé, elles reçoivent une formation continue de la part de médecins qui viennent périodiquement à l'UCIRI. Dans leur village, elles organisent des ateliers visant à améliorer l'hygiène. Elles expliquent comment construire des toilettes sèches, pourquoi il est important de faire bouillir l'eau avant de la consommer et de bien se laver les mains avant de préparer les aliments. Elles donnent aussi des cours sur les soins à prodiguer aux enfants de même que des ateliers sur la nutrition. Les femmes y découvrent de nouvelles recettes permettant de diversifier l'alimentation de la famille.

Ces « promoteurs de la santé » offrent aussi des ateliers de formation où ils encouragent les gens à utiliser les ressources naturelles locales. Les femmes y apprennent à reconnaître et à utiliser les herbes médicinales que leurs ancêtres employaient couramment avant l'arrivée des Espagnols. Elles préparent des sirops, des gouttes, des pommades, des savons et des cataplasmes à partir de ressources médicinales qui se trouvent dans la forêt des montagnes. Ainsi, elles s'approprient des connaissances traditionnelles autochtones. Il s'agit de savoirs que les grandes compagnies pharmaceutiques du Nord recherchent partout à travers le monde et brevettent à leur profit.

Grâce au soutien d'autres institutions telles que la Universidad Metropolitana, l'UCIRI a aussi pu faciliter l'accès à certains services de santé conventionnels comme les examens dentaires. Ainsi, chaque mois, un dentiste circule dans les différentes communautés de l'UCIRI.

Autre projet lié à la santé : la construction de fours améliorés. Plusieurs fours traditionnels présents dans les maisons consomment beaucoup de bois, ce qui demande beaucoup de travail aux femmes qui vont le chercher dans les montagnes. Il s'agit aussi d'un autre facteur non négligeable de déboisement. En plus de réduire la quantité de bois nécessaire, le design et la cheminée de ces fours améliorés permettent de réduire la quantité de fumée qui autrement se répand dans la maison et cause des problèmes respiratoires à toute la famille.

« Unidos venceremos » : *Unis, nous vaincrons*
(slogan de l'UCIRI)

S'unir et s'organiser, c'est bien ce que font les gens de l'UCIRI dans le cadre de leurs nombreux projets, dont plusieurs sont de nature économique.

Afin de faciliter l'accès aux denrées de base (sucre, sel, huile, savon, ficelle, couteaux, outils, etc.), plusieurs communautés de l'UCIRI ont mis sur pied de petits magasins coopératifs. Grâce aux économies d'échelle qu'ils parviennent à faire en se mettant ensemble, ces commerces peuvent offrir des produits à moindre coût. En brisant le monopole que détenaient certains coyotes dans plusieurs villages, ils ont par ailleurs forcé ceux-ci à réduire leurs prix.

Le monopole des coyotes fut aussi brisé dans le secteur des transports. L'UCIRI fit l'acquisition de ses propres camions, permettant le transport du café et d'autres produits. L'organisation est aussi propriétaire de cinq autobus qui sillonnent les routes de terre des montagnes et conduisent les gens jusqu'à Ixtepec, la ville de la vallée. Comme la plupart des projets de l'UCIRI, le système de transport coopératif UPZMI dessert l'ensemble de la communauté.

Afin d'éviter que les paysans aient à emprunter aux coyotes à des taux d'intérêt exorbitants, l'UCIRI a créé son propre Fonds d'épargne et de crédit. Ces prêts sont accessibles aux familles. Ils peuvent être octroyés pour la réparation d'une maison, l'acquisition de terres, d'outils ou d'autres nécessités. Les organisations locales y ont recours aussi pour des projets collectifs propres à leur communauté. Il peut s'agir de la construction d'un entrepôt pour le café ou de l'achat d'un moulin électrique communautaire, servant à moudre le maïs pour préparer la pâte des tortillas. Ces moulins allègent la tâche des femmes qui doivent autrement moudre le maïs manuellement avec une meule en pierre.

Dans la ville d'Ixtepec, l'UCIRI a pignon sur rue par l'entremise de deux commerces : une quincaillerie agricole permettant aux paysans d'acquérir du matériel à moindre coût, et un petit restaurant où il est possible de déguster le café de l'UCIRI. Ce joli petit café sert le fruit de leur travail sous ses meilleures formes : expresso, allongé, café au lait ou à la crème, tout y est dans une ambiance des plus colorées.

C'est aussi à Ixtepec que l'UCIRI opère sa propre petite usine de torréfaction. Elle y rôtit du café destiné au marché local et offre même du café instantané, très populaire au Mexique.

En collaboration avec d'autres organisations de petits producteurs autochtones du Mexique, l'UCIRI a contribué à la mise sur pied de Comercio Justo México, un organisme qui cherche à développer un marché de produits équitables à l'intérieur même du Mexique. S'appuyant sur diverses expériences internationales de commerce équitable, ce groupe jugeait impératif de promouvoir ce système sur le marché intérieur mexicain. Avec une population de près de 100 millions d'habitants, le pays constitue un marché colossal pour les petits producteurs, même si certains ont déjà la possibilité d'écouler leurs produits sur le marché équitable international. En mai 1999, l'organisation Comercio Justo México a créé un organisme de certification équitable appelé Sello Mexicano de Comercio Justo.

Se diversifier

Au fil des ans et à la suite des chutes répétées des cours du café, les membres de l'UCIRI ont compris l'importance de ne pas dépendre uniquement de l'exportation du café comme source de revenus. Ils cherchent à diversifier leurs activités.

C'est dans cette perspective que plusieurs paysans ont commencé à cultiver des fruits de la passion et des mûres afin de préparer des jus, des concentrés et de la confiture. Ces produits, également certifiés biologiques, sont surtout vendus sur le marché local, mais pourraient être exportés.

En 1999, l'UCIRI a également mis sur pied une fabrique de vêtements dans la ville d'Ixtepec. Financé par des prêts à faibles taux d'intérêt du gouvernement mexicain et par la banque néerlandaise Rabobank, ce projet visait à fournir des emplois aux enfants des producteurs et à des femmes monoparentales. Bien que cette fabrique ait permis de créer plus de 90 emplois directs, elle a dû fermer ses portes tout récemment. Les salaires et les conditions de travail qui y étaient offerts étaient trop élevés pour pouvoir être compétitifs. Les vêtements fabriqués dans cette usine coûtaient plus cher que ceux des *maquiladoras* de la zone franche près de la frontière américaine ou que les vêtements « Made in China » vendus au Mexique. L'entreprise n'est pas parvenue à se tailler une place dans un marché hautement compétitif.

Un mouvement en plein essor

Malgré toutes les difficultés qui se présentent à l'UCIRI, celle-ci demeure un exemple de succès. Elle a su inspirer la création d'organismes semblables dans l'État du Chiapas, au Costa Rica, au Pérou, en Colombie et dans plusieurs autres pays. Au Mexique seulement, plus d'une trentaine d'organisations paysannes s'adonnent au commerce équitable et à la culture biologique du café. Plusieurs sont aussi engagées dans divers projets relatifs au renforcement de la capacité de production, à l'assistance technique, à la certification et aux stratégies de mise en marché pour toutes sortes de produits autres que le café.

Il faut cependant admettre que toutes les coopératives ne s'en tirent pas aussi bien que l'UCIRI, qui vend presque tout son café sur le marché équitable. La demande est loin d'être aussi importante que la quantité que peuvent offrir les producteurs. Ainsi, de nombreuses organisations paysannes, même certifiées équitables, sont contraintes de vendre plus de 90 % de leur café à bas prix sur le marché conventionnel. Retirant alors moins que les coûts de production, elles n'ont pas les moyens d'investir dans des projets de développement durable.

Un travail immense reste donc à faire dans les pays consommateurs afin de faire croître la demande et de développer le commerce équitable au Nord comme au Sud.

Chapitre VI
Le pouvoir des consommateurs

> *On n'achète pas seulement un produit, on achète à quelqu'un* [1].
> Nico Roozen et Frans Van der Hoff,
> fondateurs de Max Havelaar.

Les origines du commerce équitable
La prise de conscience des droits et des responsabilités des consommateurs s'est intensifiée au cours des années 1960. À cette époque, le jeune avocat Ralph Nader gagnait sa lutte contre General Motors, qui avait mis sur le marché des véhicules non sécuritaires. Plus récemment, les campagnes de pression auprès de Gap, Shell, Nike, Disney Corporation et Starbucks ont mis en évidence les préoccupations des consommateurs quant aux effets sociaux et environnementaux des produits qu'ils achètent.

Le commerce équitable fait partie de ce mouvement qui souhaite voir les entreprises se responsabiliser. Sans que l'on puisse en retracer les origines précises, il semble que plusieurs initiatives dans ce sens aient émergé à peu près au même moment sur plusieurs continents. Ainsi, en 1946, une organisation mennonite d'Amérique du Nord a été l'instigatrice d'un premier projet d'achat direct auprès d'artisans latino-américains. Ses premiers magasins, les Self-Help Crafts (aujourd'hui connus sous le nom de Dix Mille Villages), ont été ouverts par des bénévoles qui voulaient sensibiliser leur communauté aux injustices inhérentes au commerce international et à la nécessité de payer un prix plus équitable aux artisans et aux producteurs du Sud.

Sur un autre continent, en 1950, en Grande-Bretagne, Oxfam a commencé à organiser la vente d'objets d'artisanat confectionnés par des réfugiés chinois. Peu après, un groupe de jeunes militants néerlandais se sont mis à importer directement d'Haïti des sculptures de bois afin d'aider les artisans de ce pays à acquérir une plus grande indépendance économique.

Initialement connu sous le nom de commerce alternatif, ce mouvement naissant visait non pas tant à réformer les pratiques commerciales conventionnelles qu'à créer un système parallèle. Il cherchait à ouvrir de nouveaux marchés aux petits producteurs et aux artisans du Sud, désavantagés par le système dominant. Pour les organisations engagées dans ce mouvement, l'objectif était d'établir des relations fondées sur la justice — plutôt que la charité —, en vue de mettre un frein à l'exploitation.

À mesure que les projets se sont succédé, le concept de commerce alternatif a évolué vers ce qui s'appelle maintenant le commerce équitable. Les organismes participants ont établi une série de principes fondamentaux qu'ils s'efforcent d'appliquer dans leurs transactions.

Les critères spécifiques du commerce équitable varient cependant avec les produits, selon qu'ils sont issus de réseaux de petits producteurs ou d'artisans regroupés au sein de coopératives (café, cacao, noix, riz, épices, artisanat, etc.) ou originaires de plantations (la plus grande partie du thé et environ 20 % des bananes, par exemple). Dans tous les cas cependant, le commerce équitable cherche à garantir un revenu minimum aux producteurs et aux artisans du Sud par l'achat de leurs produits à un prix systématiquement supérieur à celui des cours mondiaux. Il encourage le développement de projets communautaires réalisés par et pour la population locale en fonction de ce qu'elle identifie comme prioritaire. Ces projets diffèrent donc de certaines initiatives parfois parachutées par des organisations des pays du Nord qui décident de ce qui est prioritaire.

Une expérience qui fait boule de neige
Grâce au soutien des consommateurs, les projets de commerce équitable se sont multipliés sur tous les continents.

Bien que le commerce équitable ait pris naissance en Amérique du Nord, c'est en Europe que son impact auprès des consommateurs s'est fait le plus sentir. En Suisse, aux Pays-Bas, en Belgique et en Allemagne, les consommateurs peuvent trouver du café équitable dans pratiquement tous les supermarchés[2]. Actuellement, l'Europe compte plus de 70 000 points de vente de produits équitables. Outre le café, on y vend du sucre, du thé, des bananes, divers fruits frais et secs, des jus, du riz, du vin, des épices, des noix, des légumes frais, des ballons de sport ainsi que toute une gamme d'objets d'artisanat tels que des paniers en osier, des bijoux, des vêtements, des céramiques, des cartes et des jouets[3]. Les organismes impliqués dans le commerce équitable estiment qu'il profite à plus de 800 000 familles de producteurs et de travailleurs du Sud, soit plus de cinq millions de personnes dans 48 pays[4].

Les organisations de commerce équitable
Au fil des années, le mouvement pour un commerce équitable a accompli une tâche considérable sur le plan de l'organisation et de la collaboration. L'International Federation for Alternative Trade (IFAT) et l'European Fair Trade Association (EFTA), deux importants réseaux de commerce équitable, réunissent une centaine d'organisations équitables de partout dans le monde. Leur principale fonction consiste à faciliter l'échange d'information sur les marchés et sur les fournisseurs de produits équitables. Elles font également du lobbying auprès des institutions publiques et s'efforcent de sensibiliser la population à l'importance du commerce équitable.

En Amérique du Nord plus spécifiquement, la Fair Trade Federation joue un rôle similaire. Basée à Washington, cette association de plus de 120 membres regroupe des importateurs, des commerçants et des organisations de producteurs déterminés à octroyer un salaire et des conditions de travail équitables à des artisans et des agriculteurs désavantagés par le système économique dominant. Elle regroupe des entreprises qui vendent exclusivement des produits équitables.

Quant à l'Europe de l'Ouest, le nombre de boutiques consacrées aux produits équitables est tel qu'elles se sont réunies au sein du Network of European World Shops (NEWS). Établi en 1994, ce réseau d'initiatives nationales représente 2 500 magasins situés en Autriche, en Belgique, au Danemark, en Finlande, en France, en Allemagne, en Irlande, en Italie, aux Pays-Bas, en Espagne, en Suède, en Suisse et en Grande-Bretagne. Ayant pignon sur rue dans la plupart des grandes villes européennes, les membres de NEWS jouent

Les critères de certification du café équitable

Un commerce direct
Le café est acheté directement de coopératives de petits producteurs. Cela permet d'éviter la spéculation boursière et réduit le nombre d'intermédiaires.

Un juste prix
Le prix minimum payé à la coopérative pour une livre de café arabica est de 1,26 $ (environ 4,40 $CAN le kilo). Une prime de 0,15 $US la livre (environ 0,50 $CAN le kilo) est versée si le café est en plus certifié biologique.

Un engagement à long terme
Les partenaires signent une lettre d'intention assurant à l'acheteur un approvisionnement stable et des revenus garantis aux organisations de producteurs.

Un accès à du crédit
Sur demande, les coopératives ont accès à un paiement anticipé ou à un prêt à un taux d'intérêt raisonnable de la part des acheteurs du Nord.

La protection de l'environnement et le développement communautaire
Les membres des coopératives certifiées équitables pratiquent une agriculture à petite échelle et respectueuse de l'environnement. Bien qu'elles ne soient pas toutes certifiées biologiques, la plupart n'utilisent pas de pesticides ni d'engrais chimiques. Elles mettent sur pied leurs propres projets de développement communautaire.

Source : D'après *Fairtrade Standards for Coffee*, version juin 2004. Pour consulter les critères détaillés, voir le site Internet de FLO, <www.fairtrade.net>.

aussi un rôle important de sensibilisation du public. La plupart de ces « magasins du monde » dépendent d'un apport important du bénévolat dans la réalisation de leurs activités.

« Certifié équitable »

Les organismes de certification équitable ont joué et jouent encore un rôle extrêmement important pour le développement du commerce équitable partout dans le monde. À la suite de l'apparition d'un grand nombre de nouveaux produits équitables sur le marché au cours des années 1980, une méthode s'imposait afin de garantir leur authenticité, c'est-à-dire qu'ils répondaient aux critères du commerce équitable. L'établissement de critères propres à chaque produit ainsi qu'un processus de certification devenaient essentiels. Tout cela a commencé par le café.

En effet, le premier programme de certification équitable a été élaboré en 1988 aux Pays-Bas lorsque l'organisation Max Havelaar vit le jour. Celle-ci emprunta le nom du célèbre héros d'un roman néerlandais qui dénonçait le traitement imposé aux planteurs de café indonésiens durant la période coloniale néerlandaise. Nico Roozen et Frans Van der Hoff (le prêtre impliqué avec l'UCIRI) furent les instigateurs de ce projet qui à l'époque paraissait irréaliste [5]. C'est sur une serviette de papier à la gare d'Utrecht que les deux hommes posèrent les principes généraux de leur projet.

En établissant un processus de certification, ils espéraient que le commerce équitable du café pourrait s'introduire plus facilement dans les épiceries et les restaurants conventionnels et, par conséquent, qu'il rejoindrait un plus grand nombre de consommateurs. Ils voulaient s'assurer que les principes fussent respectés peu importe le lieu de vente.

Quelques entreprises de torréfaction conventionnelles, d'abord sceptiques, acceptèrent de se plier aux règles du commerce équitable. Elles commencèrent à mettre en marché du café certifié par le nouvel organisme qu'était Max Havelaar. Pour la première fois, un produit équitable était placé sur les tablettes des épiceries et dans les restaurants conventionnels au lieu d'être seulement disponible dans les boutiques tenues par des organismes sans but lucratif et des associations religieuses. Le café équitable devenait plus accessible à l'ensemble des consommateurs.

Par la suite, d'autres pays européens adoptèrent la certification équitable, puis l'Amérique du Nord et l'Asie emboîtèrent le pas. Depuis lors, la gamme de produits ne cesse de s'élargir. Outre du café, des épiceries et des magasins de différents pays offrent également des bananes, du chocolat, des fruits secs et frais, des légumes, des jus, des noix, du miel, des huiles, du quinoa, du riz, des épices, du sucre, du thé, du vin, des savons, des desserts glacés, des biscuits, des fleurs coupées, des plantes ornementales, du coton et des ballons de sport certifiés équitables [6].

Bien qu'il n'y ait pas de processus de certification équitable pour l'artisanat, les membres de l'International Federation for Alternative Trade (IFAT) adhèrent à des critères semblables à ceux définis par les organismes de certification regroupés au sein de l'organisme parapluie Fairtrade Labelling Organizations International (FLO).

Les logos du commerce équitable
Max Havelaar, TransFair et la Fair Trade Foundation sont des organismes de certification qui apposent leur logo sur les produits équitables qu'ils certifient. Leur système de vérification est financé par les producteurs, les importateurs et les détenteurs de licence. Ainsi, en plus de respecter les critères de certification, les entreprises participantes du Nord doivent payer des redevances qui, dans le cas du café, varient entre 0,15 $ et 0,36 $ le kilo, selon les pays et les volumes vendus par les entreprises. Quant aux importateurs, ils paient un droit annuel, calculé sur la base de la part de leur chiffre d'affaires de l'année précédente correspondant à la vente de produits certifiés [7]. Depuis 2004, les organisations de producteurs ont elles aussi des frais à payer qui varient en fonction des volumes vendus. Cet argent sert à financer le processus de certification [8].

Tous les organismes de certification équitable sont réunis sous le chapeau de la Fairtrade Labelling Organizations International (FLO-International). Depuis 1997, celle-ci s'emploie à normaliser le processus de certification des différents produits équitables. Plusieurs pays, dont l'Italie, l'Allemagne, la Grande-Bretagne et l'Irlande, utilisent le logo de FLO pour identifier les produits certifiés équitables. Cet organisme parapluie est aussi responsable de la vérification dans les pays producteurs.

TransFair
Au Canada, TransFair certifie du café, du thé, du sucre, du chocolat, des desserts glacés, des biscuits, des savons à base de beurre de cacao, du riz, des ballons de sport, des bananes, de même que des mangues et des ananas en saison. Les États-Unis, le Japon et l'Australie utilisent le même label qu'au Canada. Chaque pays a son éventail de produits certifiés, dépendant de l'intérêt des commerçants et de la nature de leur marché. Même s'il n'est apparu qu'en 1997 en Amérique du Nord, ce logo est de plus en plus recherché par de nombreux consommateurs.

Max Havelaar
La certification de Max Havelaar connaît un franc succès en Europe. Aux Pays-Bas, par exemple, 90 % des consommateurs connaissent ce logo. En Suisse, les bananes Max Havelaar se sont emparées de 15 % du marché de ce fruit. Plusieurs supermarchés européens ont leurs propres lignes de produits Max Havelaar: café, thé, riz, épices, etc.

Comercio Justo México
Cet organisme est le seul à faire la certification équitable de produits commercialisés à l'intérieur même d'un pays du Sud. Il est le premier en son genre à être membre de FLO International. Ainsi, au Mexique, le logo de Comercio Justo México est présent sur différentes marques de café, de miel, de jus d'orange et de mangue. Tous ces produits sont le fruit du travail de petits producteurs organisés démocratiquement.

Le processus de certification du café équitable
Dans la chaîne du commerce équitable, chaque participant a un rôle à jouer conformément aux règles du jeu qui ont été établies. Les critères définis par les organismes de certification sont appliqués de manière aussi juste que possible tout en tenant compte des différences culturelles et économiques qui existent tant au Nord qu'au Sud.

Les inspecteurs visitent les coopératives du Sud chaque année ou tous les deux ans, selon le volume de production et les besoins des producteurs. En septembre 2004, 199 associations de producteurs réparties dans 24 pays étaient inscrites au registre de la FLO[9]. Ces organisations se trouvent en Bolivie, au Brésil, au Cameroun, en Colombie, au Costa Rica, en République démocratique du Congo, en République dominicaine, au Salvador, au Guatemala, à Haïti, au Honduras, au Mexique, au Nicaragua, en Papouasie–Nouvelle-Guinée, au Pérou, en Tanzanie, en Ouganda, en Équateur, au Venezuela, en Éthiopie, en Indonésie, au Timor-Oriental, au Rwanda et en Thaïlande.

Pour les entreprises du Nord, les procédures d'inspection varient quelque peu en fonction des ressources financières disponibles et des priorités établies par chaque organisme national de certification. Dans tous les cas cependant, les entreprises d'importation et de torréfaction doivent fournir des informations à leur organisme de certification national sur une base régulière. En Suisse, des visites sur le terrain sont effectuées tous les 6 à 12 mois, alors qu'aux États-Unis, certains critiquent leur trop grande rareté.

Au Canada, TransFair suit les normes de FLO qui exigent que chaque compagnie vendant plus de 2000 kg de produits labellisés par année soit visitée. Par ailleurs, l'ensemble des entreprises inspectées par l'organisme de certification doit couvrir au moins 95 % des produits certifiés vendus annuellement. En 2003, TransFair a effectué 37 inspections sur le terrain et elle estime qu'elle en aura fait environ 50 en 2004[10]. Les visites sont généralement planifiées à l'avance, mais certaines sont aussi des inspections-surprises. Pour pouvoir utiliser le logo, les entreprises doivent donc accepter la transparence. Elles doivent ouvrir leurs livres comptables et leurs entrepôts aux inspecteurs afin de leur prouver qu'elles ont bien observé les règles du commerce équitable.

Ainsi, pour qu'un café soit certifié équitable, il n'est pas suffisant que la coopérative qui le produit soit inscrite au registre de la FLO-International. Tout le parcours du café doit être contrôlé, ce qui va au-delà de la sphère d'activité des coopératives. Il arrive qu'après des visites, des coopératives ou des entreprises perdent leur certification équitable.

Le café équitable en Amérique du Nord

Grâce à une prise de conscience grandissante des injustices du système économique actuel de la part des citoyens, la popularité du commerce équitable s'est accrue rapidement en Amérique du Nord au cours des dernières années.

Entre 1998 et 2003, la valeur des ventes de café équitable a été multipliée par 29 au Canada, ce qui représente près de 20 millions de dollars canadiens en 2003 seulement [11]. Actuellement, une centaine d'entreprises de torréfaction offrent au-delà de 200 différents mélanges de café équitable partout au Canada. Certaines entreprises comme le Cirque du Soleil, de même que divers restaurants, tels le Santropol, le Commensal, Frite Alors, et de nombreux édifices à bureau et institutions scolaires un peu partout au Québec et au Canada offrent maintenant du café équitable. Il est aussi servi à la cafétéria de l'Assemblée nationale, de même que dans certains bureaux de la fonction publique fédérale, provinciale et municipale.

Aux États-Unis, les ventes de café équitable ont dépassé les 208 millions de dollars US pour 18,5 millions de livres. Le nombre de torréfacteurs certifiés y a atteint la centaine. Plus de 300 campus universitaires incluant Yale, Harvard et Georgetown offrent du café équitable. Ainsi, la demande augmente chaque jour, et les organismes de certification doivent affronter les défis que pose cette croissance rapide.

Comme pour tout autre produit, le prix du café équitable varie d'une marque à l'autre selon les pratiques commerciales et les dépenses du fournisseur. La qualité du produit, le nombre d'intermédiaires au Nord, les salaires, le loyer, les frais de mise en marché, les marges de profit, l'emballage, le transport et les remboursements aux investisseurs, sont tous inclus dans le prix que paient les consommateurs.

Les produits équitables ne sont pas nécessairement plus coûteux que les produits conventionnels de qualité équivalente. Dans certains cas, ils peuvent même être moins chers. Certaines entreprises de torréfaction équitables affirment qu'elles peuvent offrir un produit à moindre coût que leurs compétiteurs conventionnels pour une qualité équivalente, car acheter directement des coopératives leur permet d'épargner les coûts de multiples intermédiaires. D'autres disent que le commerce direct est plus compliqué et demande davantage de temps que la négociation avec des intermédiaires, ce qui influe sur le prix du café. Un sondage mené par la Specialty Coffee Association of America révèle que la qualité du café, la demande des consommateurs et la facilité d'approvisionnement constituent les principaux critères qui président au choix de l'industrie du café gourmet lorsque celle-ci achète du café équitable, biologique ou cultivé sous couvert forestier [12]. Le prix n'est donc pour les entreprises qu'un des facteurs qui influent sur l'expansion du commerce équitable et écologique.

La plupart des cafés équitables vendus en Amérique du Nord sont des cafés fins. Au Canada, environ 65 % d'entre eux sont aussi certifiés biologiques, contre 85 % aux États-Unis [13]. La majorité des consommateurs peuvent maintenant trouver une variété de mélanges de cafés équitables près de chez eux, ce qui n'était pas le cas il y a quelques années. La liste des entreprises qui offrent au moins une sorte de café équitable s'allonge pratiquement chaque jour [14]. Il se trouve donc des cafés équitables pour tous les goûts.

Les entreprises comme Just Us!, Café Rico et Dix Mille Villages s'appuient sur les principes du commerce équitable pour régir la totalité de leur approvisionnement en grains verts. À l'instar des firmes conventionnelles, elles cherchent à rentabiliser leur entreprise, sans toutefois adhérer à l'idée que la croissance à tout prix et la maximisation des profits des actionnaires doivent être les priorités absolues. À leurs yeux, la rentabilité est davantage un moyen de poursuivre leur travail qu'une fin en soi.

Just Us!

Lorsque Jeff et Deborah Moore se sont retrouvés sans travail en 1995, ils ont décidé de mettre sur pied un commerce — mais pas n'importe quel commerce [15]. Pour avoir travaillé en Amérique latine et s'être engagés dans des causes touchant à la justice sociale, ils étaient depuis longtemps sensibilisés aux questions relatives au développement international. Après avoir pris connaissance d'un numéro spécial de la revue *New Internationalist* consacré au café équitable, ils se sont mis à rêver d'établir une des premières entreprises équitables de torréfaction au Canada.

Jeff Moore était déjà un passionné du café, mais à ce moment-là, il existait peu d'information ou de ressources pour l'aider à s'associer avec des coopératives équitables. C'est dans le Chiapas, au Mexique, qu'il a établi le premier contact. Il s'est rendu à La Selva, où il a trouvé une impressionnante organisation produisant un café de grande qualité.

De nombreux obstacles restaient toutefois à surmonter. En raison de facteurs logistiques reliés à la transformation, à l'expédition et à la protection du produit contre les bandits, il était illogique pour la coopérative d'exporter moins d'un conteneur complet de café, soit 17 tonnes au coût de 60 000 $. Un tel achat exigeait que le couple hypothèque sa maison pour obtenir un prêt, avant même d'avoir un seul client. Ils prirent le risque. C'est ainsi que l'entreprise de torréfaction Just Us! vit le jour en Nouvelle-Écosse.

Or, la demande pour leurs produits a été telle qu'en moins de six mois, ils avaient tout vendu. L'entreprise a alors diversifié ses sources d'approvisionnement et achète maintenant du café d'autres coopératives, dont la plupart sont également certifiées biologiques, au Mexique, au Costa Rica, au Pérou et au Guatemala. Au Mexique, Just Us! est un partenaire de l'UCIRI.

L'entreprise offre aussi du thé, du chocolat, de l'artisanat et des vêtements équitables. Elle distribue ses produits dans plus de 50 points de vente dans les provinces maritimes du Canada, notamment dans les chaînes de supermarchés Coop Atlantic, Sobeys et Loblaw. Leurs ventes annuelles ont maintenant dépassé le million de dollars. Puisque l'entreprise est devenue une coopérative de travailleurs, les profits sont majoritairement réinvestis dans l'organisation afin d'élaborer de nouveaux projets liés au commerce équitable.

Café Rico
Automne 1997. C'est en lisant un article dans le journal *Voir* à Montréal que Guylaine Bombardier apprit l'existence du café équitable. Il s'agissait du résumé du livre *Une cause café*, l'ancêtre de celui que vous tenez entre vos mains. Choquée d'apprendre à quel point les producteurs de café peuvent être exploités, elle se rendit aux bureaux de l'organisme A SEED (aujourd'hui Équiterre) qui venait de lancer la campagne « Un juste café ». Avec son mari, Stéphane Tamar Kordahi, ils préparaient alors un voyage en Amérique centrale et avaient envie de visiter une organisation de producteurs de café. Ils passèrent donc trois semaines avec les gens de la coopérative costaricienne Coocafé. Habitant chez les caféiculteurs, ils prirent conscience de leur situation et comprirent encore davantage l'importance du commerce équitable.

De retour à Montréal, Stéphane décida de quitter son emploi de courtier pour se consacrer au commerce équitable. À ce moment-là, les seuls cafés certifiés équitables disponibles au Québec étaient importés des États-Unis et de la Nouvelle-Écosse. Stéphane consacra beaucoup d'énergie à élaborer un plan d'affaires, décortiquer les mécanismes d'importation et de commercialisation du café, choisir un torréfacteur et convaincre des institutions financières de l'appuyer. Il cherchait aussi des locaux où il pourrait non seulement torréfier et servir du café équitable, mais aussi créer un lieu de rencontre propice à la diffusion d'idées progressistes par le truchement d'expositions de photos, de lancements de livres et d'autres activités.

À la suite de toutes ces démarches et avec beaucoup de ténacité de la part de Stéphane et de Guylaine, le Café Rico ouvrit enfin ses portes au cœur du Plateau Mont-Royal au mois de février 1999. Dès ses débuts, il connut un franc succès, grâce tant à la qualité des produits qu'il offrait qu'aux idéaux qu'il véhiculait. L'aventure du Café Rico a su prouver à tous les sceptiques que les principes du commerce équitable ne sont nullement une utopie et qu'ils peuvent servir de fondement à une entreprise privée viable.

Depuis lors, Café Rico s'est associé à Café Campesino et à huit autres entreprises de torréfaction canadiennes et américaines pour créer une coopérative d'importation de café vert. Ce groupe, qu'ils ont appelé Cooperative Coffees, leur a permis d'unir leurs efforts pour faciliter l'importation directe de café ainsi que l'établissement de partenariats spéciaux avec des coopératives équitables et biologiques au Costa Rica, au Guatemala, au Nicaragua et au Mexique.

En 2003, le Café Rico a vendu 27 000 livres de café, sur place et dans une douzaine de magasins et de restaurants au Québec. Stéphane prépare une douzaine de mélanges avec des cafés provenant de sept pays. Dans son café-boutique, il est possible de se procurer divers produits équitables et/ou biologiques tels que des thés, des tisanes, du sucre, du chocolat, du cacao maison, du quinoa, des noix, des canneberges, des confitures, etc.

Même si des possibilités de prendre de l'expansion grâce à différents projets tels que la création de franchises lui ont été offertes, il préfère s'en tenir à l'approche « *Small is beautiful* ». En effet, il croit davantage à une variété de petits acteurs partageant les mêmes valeurs qu'à l'établissement de grandes entreprises pour faire vivre et promouvoir les idées du commerce équitable. C'est dans cet esprit qu'il a inspiré d'autres initiatives et a aidé d'autres personnes à s'engager dans le commerce équitable. Actuellement, il explore de nouveaux projets de commerce équitable afin de permettre aux producteurs de café de diversifier leur production. Il souhaite pouvoir soutenir encore davantage les coopératives de café avec lesquelles il collabore.

Dix Mille Villages : du café à l'artisanat
Peu après la Seconde Guerre mondiale, les Mennonites ont été les premiers à mettre sur pied des boutiques de commerce équitable en Amérique du Nord. Celles-ci portent aujourd'hui le nom de Ten Thousand Villages/Dix Mille Villages.

Cet organisme sans but lucratif poursuit deux objectifs : soutenir les artisans et les paysans du Sud en leur assurant un marché et sensibiliser les gens du Nord aux injustices du système actuel. En ce moment, Dix Mille Villages met sur le marché un large éventail de produits artisanaux et de denrées alimentaires équitables, dont du café, dans quelque 200 magasins en Amérique du Nord. L'organisme travaille en partenariat avec des paysans et des artisans provenant de 25 pays de différentes cultures et religions.

Quand les géants s'en mêlent
Au cours des dernières années, les ventes de café équitable en Amérique du Nord ont grimpé en flèche. Certaines grandes entreprises ont contribué à cet essor. Sur le marché états-unien, des multinationales telles que Starbucks, Procter & Gamble, Sara Lee et Dunkin Donuts se sont introduites dans ce domaine qui, à l'origine, était réservé à quelques petites entreprises de torréfaction et à des organismes sans but lucratif. Van Houtte et Timothy's ont fait pareil au Canada. Comme les entreprises de plus petite envergure, elles ont signé avec les organismes de certification des ententes et se sont engagées à respecter les critères du commerce équitable pour certains de leurs cafés. Leur vaste réseau de distribution a facilité une plus grande distribution de café équitable dans toute l'Amérique du Nord : à elle seule, Starbucks possède 2300 cafés-boutiques aux États-Unis et plus de 300 au Canada.

Bien que l'engagement de ces géants soit avantageux pour des milliers de petits producteurs de café, le fait que le sceau du commerce équitable soit accordé à des multinationales a soulevé des questions chez certains militants et torréfacteurs équitables établis depuis longtemps. Pourquoi, se demandent-ils, la production à petite échelle et la gestion démocratique devraient-elles constituer un critère uniquement pour les producteurs de café et non pour les entreprises du Nord ? Quelle est la véritable signification du « commerce équitable », et qui donc en profite ? Sur ce point, les opinions sont partagées.

Il importe de reconnaître qu'en général, l'industrie du café se caractérise par un important clivage : les pays riches où le café est vendu ont une législation du travail plus ferme et offrent une meilleure protection sociale que la plupart des pays producteurs. Les conditions d'emploi médiocres et la pauvreté sont beaucoup plus fréquentes dans les régions où est cultivé le café que dans les pays où il est uniquement consommé. Dans le contexte de la mondialisation actuelle, il devient pratiquement impossible pour l'industrie d'ignorer plus longtemps les difficultés de ceux et celles qui sont à la source de leur approvisionnement. D'autant plus que, lorsque les cours mondiaux sont bas, la qualité du produit tend à être affectée. L'industrie du café prend peu à peu conscience de sa part de responsabilités [16].

En pratique, cependant, la sincérité de certaines entreprises est parfois douteuse. Quelques-unes semblent se servir du commerce équitable pour se prémunir contre les critiques plutôt que par véritable souci d'équité. La plupart font peu d'efforts pour promouvoir leurs marques équitables comparativement à leurs autres produits. Certaines semblent avoir adopté le café équitable pour conserver leur clientèle plutôt que pour assumer leurs responsabilités envers les paysans dont le labeur fait croître leurs profits. Aux yeux de certaines de ces entreprises, le café équitable est une nouvelle tendance comme peuvent l'être les cafés aromatisés ou les cafés glacés. De nombreux commerçants peuvent difficilement répondre aux questions qui leur sont posées à propos du commerce équitable, ce qui ne favorise guère son essor. Qui plus est, selon certains militants, la nature même des compagnies multinationales et leur structure visant le profit économique avant tout vont à l'encontre des valeurs qui soutiennent le commerce équitable.

D'un autre côté, même si certaines entreprises semblent se tourner vers le commerce équitable pour protéger ou améliorer leur image publique plutôt que par conviction réelle, il faut reconnaître qu'elles franchissent une première étape. Il n'en tient qu'à nous, consommateurs, de faire pression chaque fois que nous en avons l'occasion, et de nous assurer que le café que nous choisissons porte bien le logo de certification équitable. Nous pouvons aussi choisir d'encourager de petites entreprises, de plus grandes ou des entreprises d'économie sociale selon nos propres convictions. Plus les gens achèteront de café équitable, plus il deviendra impératif pour tous les commerces, petits ou grands, d'en offrir et de se sentir concernés par sa promotion.

Les défenseurs du commerce équitable
Dans tous les pays industrialisés et de nombreux pays du Sud, des gens de tous âges et de tous horizons s'unissent pour sensibiliser la population au commerce équitable et convaincre des entreprises d'y participer. Certains réclament tout simplement du café équitable dans les magasins et les restaurants qu'ils fréquentent alors que d'autres forment des associations et organisent des actions de sensibilisation et de pression (*voir la liste d'organismes présentés à la fin de ce livre*).

Oxfam
Sur le plan international, Oxfam est reconnu comme le chef de file de la promotion du commerce équitable depuis plus de 40 ans. À lui seul, Oxfam Royaume-Uni travaille avec plus de 160 organisations de producteurs dans 30 pays. L'organisme britannique vient de mettre en place sa propre chaîne de café-boutiques offrant exclusivement du café et d'autres breuvages équitables. En Belgique, les populaires « Magasins du monde » sont issus d'Oxfam Belgique.

Au Québec, en plus de chercher à sensibiliser le public, Oxfam Québec a mis sur pied sa propre entreprise de mise en marché et de promotion de produits équitables. Celle-ci distribue, sous la marque Équita, du café, du thé, du chocolat, du sucre et du riz certifiés équitables dans plus de 325 points de vente[17]. Ses produits sont parvenus à percer le marché des grandes épiceries, rendant le commerce équitable accessible à un plus grand nombre de consommateurs. Ainsi, cet organisme a grandement contribué au développement du commerce équitable au Québec.

Au cours des 10 dernières années, Oxfam International a multiplié les campagnes et les pressions politiques afin de dénoncer les effets néfastes du commerce international, tant du point de vue social qu'environnemental. L'organisme publie et distribue des rapports de fond sur les effets de la mondialisation sur les populations du Sud et travaille à sensibiliser les consommateurs au commerce équitable[18].

Équiterre

Au Québec et au Canada, de plus en plus d'organismes et de syndicats travaillent au développement du commerce équitable[19]. Équiterre a été un des premiers à le faire, désirant créer une synergie entre des organisations de producteurs, des acheteurs du Nord, des consommateurs, des organismes de certification et d'autres associations.

Sans être impliqué dans la commercialisation de produits, l'organisme a développé divers outils d'information et d'action dans le but de créer un effet boule de neige. L'objectif étant que le plus grand nombre d'acteurs possible adaptent le matériel à leur propre réalité et prennent part à la campagne pour le commerce équitable. Depuis 1996, Équiterre a soulevé l'intérêt des médias, organisé une tournée de conférences-diaporamas, une exposition de photos, des débats, du théâtre de rue ainsi que des campagnes d'envoi de lettres et de cartes postales dans le but d'inciter tant les consommateurs que les détaillants à adhérer au commerce équitable. L'organisme a aussi publié une trousse commerciale présentant des arguments économiques, afin d'encourager les entreprises à vendre davantage de produits équitables. Le travail d'Équiterre a contribué à faire passer le nombre de points de vente de café équitable au Québec de 2 en 1996 à plus de 1500 en 2005.

Plutôt que d'entreprendre une campagne de boycott pour exercer des pressions sur les entreprises de café, plusieurs organisations ont choisi une autre stratégie: le «buycott». Celles-ci encouragent les consommateurs à exiger du café équitable et à s'en procurer dans les endroits où il s'en vend afin de faire comprendre aux entreprises qu'il existe un marché pour les produits équitables.

C'est dans cet esprit qu'a été lancée une campagne de cartes postales destinées au président de l'entreprise Van Houtte. Comme il est indiqué au chapitre IV, Van Houtte détient plusieurs marques et son marché principal est la vente de café sur les lieux de travail. Après avoir rencontré les représentants d'Équiterre et reçu pendant trois ans des centaines de cartes postales de la part des consommateurs, l'entreprise a finalement accepté de participer au mouvement. Elle offre maintenant un café équitable mexicain dans sa ligne de produits biologiques «Les Amoureux du café». Aux yeux de nombreux consommateurs, la gamme de tels produits pourrait être élargie, surtout si l'on considère les profits records que cette entreprise a enregistrés récemment en raison de la baisse des prix subie par les producteurs sur le marché conventionnel.

Global Exchange
Aux États-Unis, l'organisme sans but lucratif Global Exchange a opté pour une stratégie plus ferme qui s'est avérée fort efficace. L'organisme a mobilisé un large réseau de militants, de groupes religieux, d'étudiants, de syndicats et d'environnementalistes afin de dénoncer les conditions de travail lamentables des producteurs de café. Ciblant de grandes entreprises connues, ils ont organisé des manifestations devant des cafés. Starbucks a été la première visée. Deborah James, directrice de cette campagne à Global Exchange, explique :

> Nous avons choisi Starbucks car il s'agit du plus gros vendeur de café au détail, propriétaire du cinquième de tous les cafés du pays. À l'automne 1999, Global Exchange a rencontré le chef de la direction, Howard Schultz, et réclamé que Starbucks offre du café certifié équitable dans tous ses cafés-boutiques. La compagnie s'est tout d'abord montrée très réticente, alléguant que les grains de café équitable étaient de moindre qualité. Peu après, nous avons organisé plusieurs manifestations pacifiques devant des cafés Starbucks à Seattle.
>
> En février 2000, une enquête-reportage menée par l'ABC TV de San Francisco et ses stations affiliées dénonçait le recours au travail des enfants et les salaires scandaleusement bas que recevaient les travailleurs dans les plantations guatémaltèques, dont certaines comptent parmi les fournisseurs de Starbucks. Immédiatement après l'émission, nous avons organisé une manifestation locale. Nous avons ensuite présenté une pétition aux actionnaires de Starbucks lors de leur réunion annuelle à Seattle, leur demandant d'offrir du café certifié équitable. Au cours de la même semaine, l'entreprise a annoncé qu'elle commandait un chargement de 34 000 kg de café équitable. Nous avons répondu que pour une firme aussi puissante que Starbucks, cela représentait une goutte d'eau dans l'océan — en moyenne, 14 kg de café (même pas certifié !) pour chaque magasin. Nous avons alors fait circuler une lettre ouverte signée par 84 personnes, dont des représentants étudiants, des membres d'organisations de protection de l'environnement, de groupes confessionnels et d'organismes voués à la justice sociale, qui réclamaient que Starbucks paie aux produc-

teurs un salaire minimum décent et offre à ses clients du café certifié équitable. Nous avons aidé à organiser 30 manifestations prévues pour le 13 avril dans l'ensemble du pays, devant les cafés-boutiques de Starbucks. Entre-temps, des centaines de personnes envoyaient des lettres à l'entreprise par l'entremise de notre site Web ou faisaient parvenir des cartes postales demandant au géant de payer un juste prix pour la production des caféiculteurs.

Trois jours avant notre manifestation, Starbucks a annoncé que l'entreprise venait de conclure une entente avec TransFair US. Elle allait offrir du café certifié équitable dans tous ses magasins à l'échelle nationale à compter d'octobre 2000, avait l'intention de mettre au point des outils de sensibilisation et une formation pour les préposés aux cafés-bars afin que des millions de consommateurs puissent être sensibilisés au commerce équitable. Pour les producteurs, dont les revenus triplent quand ils ont la possibilité de vendre leur café à un prix équitable, il s'agit là d'une grande victoire. C'est également un gain important pour le mouvement de responsabilisation des entreprises. La capitulation rapide de Starbucks devant les protestations provenant de tous les coins du pays démontre que les organisations de simples citoyens et la circulation d'information peuvent vraiment donner des résultats impressionnants [20].

Ainsi, en 2003, Starbucks a acheté 2,1 millions de livres de café équitable provenant principalement du Mexique et de la Colombie, ce qui constituait une augmentation de 91 % comparativement à l'année précédente. Les cafés-boutiques de cette entreprise représentent à eux seuls 20 % de tous les points de vente de café certifié équitable aux États-Unis. Starbucks offre du café équitable dans 21 pays incluant le Canada, la France, la Suisse, l'Allemagne, la Grande-Bretagne, le Japon et la Chine.

Le succès de cette campagne démontre qu'une fois organisés, les consommateurs ont beaucoup plus d'influence sur les compagnies qu'ils ne seraient portés à le croire. En fait, ils sont la raison d'être de toutes les entreprises [21]. Sans consommateurs, aucun commerce n'est possible.

Choisir le meilleur café
Vous voici devant un étalage. Vous êtes à la recherche d'un bon café qui corresponde à vos goûts autant qu'à vos valeurs, un café dont la

production respecte les travailleurs et l'environnement. Vous aurez tôt fait de vous rendre compte que le café portant le sceau de certification équitable n'est pas la seule possibilité qui s'offre à vous. Certains portent l'indication « sous couvert forestier », « biologique » ou « ECO-OK ». Parfois même, plusieurs certifications à la fois. D'autres étiquettes stipulent que pour chaque paquet vendu un don est fait à tel ou tel organisme. Il est possible que diverses affirmations à caractère social et environnemental prêtent à confusion. Dans tous les cas, il est utile de connaître les certifications qui vous garantissent qu'une tierce partie a vérifié l'authenticité des affirmations inscrites sur l'emballage.

Contrairement à l'étiquette « biologique », l'utilisation des termes « équitable », « cultivé sous couvert forestier », « sans danger pour les oiseaux » (bird-friendly) et autres de ce genre n'est pas réglementée par des instances gouvernementales. Ainsi, à moins qu'un organisme de certification indépendant, comme TransFair ou Max Havelaar pour l'équitable, ait apposé son sceau sur un produit, le consommateur n'a pas de garantie de la véracité des informations données par l'entreprise. De là l'importance de savoir reconnaître les sceaux de certification.

L'utilisation du terme « biologique » est quant à elle réglementée dans la plupart des pays occidentaux et de plus en plus de pays du Sud. Il doit répondre à des normes gouvernementales minimales. Les critères varient toutefois d'un pays à l'autre.

Au Québec, les termes « biologique », « bio », « écologique » et « organique » authentifient un processus de production et de transformation biologique. Leur utilisation est protégée par la Loi sur les appellations réservées. Ainsi, par le biais du Conseil d'accréditation du Québec (CAQ), le gouvernement encadre le processus de certification biologique afin de garantir aux consommateurs l'intégrité de ces appellations tant pour les aliments locaux que pour ceux qui sont importés. Il est donc permis de s'y fier. Il en va de même pour l'Union européenne qui a, elle aussi, normalisé sa réglementation quant à l'authentification des productions biologiques et ce, dans tous les pays qui la composent. Le Québec et l'Europe sont en avance sur de nombreux gouvernements, notamment canadien. Celui-ci n'a pas encore créé un système de vérification indépendant. Le Conseil canadien des normes vient cependant d'approuver une réglementation nationale pour l'agriculture biologique.

Le café biologique

La certification biologique est apparue au cours des années 1970 et constitue actuellement le créneau alternatif le plus développé. À l'échelle mondiale, le taux de croissance approximatif du marché des aliments biologiques oscille entre 20 % et 30 % par année [22].

Il existe de nombreux organismes de certification biologique dans le monde, mais la principale organisation de coordination des mouvements d'agriculture biologique est la Fédération internationale des mouvements d'agriculture biologique (FIMAB), mieux connue sous son acronyme anglais IFOAM. Établi en Allemagne, cet organisme réunit 740 organisations membres, implantées dans 103 pays [23]. De plus, il jouit d'un statut consultatif officiel auprès des Nations unies.

La FIMAB ne certifie pas les produits, mais accrédite les organismes de certification de divers pays qui répondent à ses exigences. Elle élabore des normes spécifiques pour l'aménagement du territoire agricole, notamment en ce qui a trait à la coupe, au brûlage et, dans le cas du café, à la plantation d'arbres d'ombrage et au compostage de la pulpe de café [24].

Pour être certifié biologique, le café doit d'abord être cultivé sans aucun engrais chimique ni pesticide. Les organismes de certification biologique tels que Naturland et l'OCIA (Organic Crop Improvement Association) exigent l'application de méthodes de conservation du sol comme le compostage, la construction de terrasses, de même que des mesures pour protéger les cours d'eau du ruissellement. La plupart des caféiers biologiques sont cultivés à l'ombre d'autres arbres, ce qui contribue au maintien de la biodiversité.

L'agriculture biologique nécessite beaucoup plus de travail et de connaissances de la part des producteurs que l'agriculture conventionnelle. Le contrôle des espèces indésirables est effectué manuellement, notamment en sarclant. Les producteurs doivent savoir préparer et appliquer des engrais biologiques comme du compost ou être en mesure d'élaborer des pesticides à base de produits naturels, afin de pouvoir éventuellement contrer des insectes nuisibles.

D'un point de vue social, bien que la plupart des cafés biologiques soient cultivés dans de petites plantations et vendus à un prix plus élevé que le café ordinaire, la certification biologique ne garantit pas que les paysans et les travailleurs agricoles aient reçu une juste rémunération. La FIMAB s'emploie actuellement à définir des normes sociales afin de tenir compte de cet aspect.

*Le café « cultivé sous couvert forestier »
ou « café d'ombre »*
Les préoccupations que suscitent le recul de la biodiversité et la disparition des habitats des oiseaux sont à l'origine des labels « sous couvert forestier », « café d'ombre » ou *bird-friendly* » (sans danger pour les oiseaux). Le Smithsonian Migratory Bird Center (SMBC) a élaboré des critères de certification en collaboration avec la Commission de coopération environnementale (CCE) et d'autres organisations environnementales et universitaires. Le logo du SMBC est apposé sur le café cultivé dans des plantations caractérisées par une grande diversité biologique et une faible utilisation d'intrants chimiques, à l'ombre d'une végétation forestière ou d'une plantation d'arbres d'ombrage. Jusqu'ici, le Centre a limité l'utilisation du label à des cafés qui sont également certifiés biologiques.

« Rainforest Alliance Certified »
La certification Rainforest Alliance, anciennement ECO-OK, a été mise au point par le Conservation Agriculture Network. Il s'agit d'un réseau d'agriculture écologique administré par la Rainforest Alliance, dont le siège se trouve à New York. Le label « Rainforest Alliance Certified » allie certains critères environnementaux et humanitaires. Le café doit être cultivé à l'ombre, et l'utilisation des pesticides et des engrais chimiques, bien que tolérée, doit être réduite au minimum et rigoureusement gérée. Les travailleurs doivent bénéficier d'un salaire décent et de bonnes conditions d'emploi. Les producteurs ne doivent pas utiliser d'autre bois de chauffage que les déchets ligneux provenant de l'émondage des caféiers. Pour pouvoir porter le sceau de cet organisme, les nouvelles plantations ne peuvent pas être établies sur un terrain forestier déboisé, et les producteurs doivent avoir recours à une bande de végétation tampon pour diminuer la pollution des rivières par les résidus de pulpe.

Le café du Rainforest Alliance diffère du café équitable en plusieurs points : il n'est pas nécessairement produit par une coopérative (les grandes plantations peuvent également être certifiées) et aucun prix d'achat minimum n'est garanti. Sur le plan environnemental, les critères de ce label sont moins stricts que les normes biologiques relatives à l'utilisation d'intrants chimiques, mais tiennent compte de certaines questions reliées au paysage et à la biodiversité.

Le but du label ECO-OK est d'avoir un impact sur la plus grande surface possible de territoire agricole dans les régions tropicales, particulièrement riches en biodiversité. Ses normes sont cependant nettement moins rigoureuses que celles qui régissent les labels biologiques et équitables.

Choisir

Comme vous pouvez en conclure après la lecture de cet aperçu, les « meilleurs cafés » — à vrai dire, les plus respectueux des gens et de l'environnement — sont ceux qui remplissent les critères des certifications équitable, biologique et sous couvert forestier tout ensemble. Heureusement, en réponse à la demande des consommateurs, ces cafés sont de plus en plus accessibles. Les différents intervenants sur la route du café commencent à se rendre compte de l'importance de travailler à harmoniser les critères sociaux et environnementaux de leurs initiatives.

Il n'en demeure pas moins qu'une plus grande collaboration entre les différents intervenants faciliterait l'élaboration de stratégies permettant d'introduire davantage le café équitable et écologique sur le marché conventionnel. Cela pourrait également contribuer à améliorer le processus de certification et à en réduire les coûts. Enfin, pour qu'existe un commerce équitable à grande échelle, les cafés équitables et biologiques ne devraient plus se présenter comme une simple alternative, ils devraient en venir à remplacer les cafés conventionnels.

Sensibiliser les consommateurs

De plus en plus de citoyens désirent faire des choix de consommation responsable. Pour consommer avec discernement, il faut avoir accès à un minimum d'information. Ce qui, dans bien des cas, est loin d'être acquis. S'il est vrai qu'acheter c'est voter, bien souvent nous sommes forcés de voter blanc. Les informations nous manquent.

Il serait intéressant de pouvoir connaître les effets environnementaux et sociaux des produits que nous achetons par une simple lecture d'étiquettes. Ce type d'information pourrait s'ajouter aux caractéristiques nutritionnelles qui apparaissent sur une foule de produits alimentaires vendus en Amérique du Nord. Dans un monde idéal, ce genre d'étiquetage serait obligatoire dans tous les pays.

Malheureusement, il n'est guère probable qu'un tel changement s'opère à court terme. Dans le contexte économique actuel, la plupart des gouvernements refusent même d'imposer l'étiquetage des aliments génétiquement modifiés. Sans compter que l'OMC, quant à elle, restreint les projets relatifs à l'étiquetage des produits écologiques. Le droit de savoir ce que nous achetons est un nouveau concept. Dans l'histoire du commerce, il est pourtant récent que l'on en sache aussi peu sur l'origine de ce que nous achetons. Il y a quelques décennies à peine, la proximité physique de celui qui produisait avec celui qui consommait garantissait un certain accès à l'information pour de nombreux produits. La mondialisation des marchés a grandement transformé cette donne.

À l'heure actuelle, non seulement l'OMC évite-t-elle de se pencher sur la question du commerce écologique et éthique, mais elle risque également de mettre en péril certaines initiatives en cours. Selon sa réglementation relative aux « obstacles techniques au commerce », maintes normes environnementales et sociales sont considérées comme des entraves au libre-échange[25]. Ainsi, les systèmes d'étiquetage volontaire et non gouvernemental peuvent être taxés de discriminatoires contre les produits « équivalents » parce qu'ils mentionnent les méthodes de production en plus du contenu du produit. Cela signifie que les labels de certification « commerce équitable » et « sous couvert forestier » pourraient un jour être contestés devant l'OMC.

Pour se protéger de la menace d'une action de l'OMC, les organismes de normalisation, d'accréditation et d'étiquetage qui s'occupent de la certification sociale et environnementale se sont réunis pour créer l'International Social and Environmental Accreditation and Labelling Alliance (ISEAL). L'un des objectifs de cet organisme consiste à faire reconnaître ses programmes par les instances du commerce international et sur la scène mondiale. Plus précisément, l'ISEAL s'emploie à faire accepter ses critères comme normes internationales afin d'éviter que ses projets soient considérés comme des obstacles techniques au commerce [26]. Les organisations qui font actuellement partie de l'ISEAL sont les suivantes : le Fairtrade Labelling Organizations International (FLO), le Conservation Agriculture Network (CAN), le Forest Stewardship Council (FSC), la Fédération internationale des mouvements d'agriculture biologique (FIMAB), l'International Organic Accreditation Service (IOAS), le Marine Stewardship Council (MSC) et la Social Accountability International (SAI).

À première vue, les initiatives de commerce équitable peuvent sembler dérisoires et évoquer le combat de David contre Goliath. En effet, les politiques de libre-échange s'appuient fermement sur les règlements de l'OMC et d'autres accords commerciaux légalement contraignants. Trop souvent, les citoyens se sentent écrasés par de telles structures et privés du soutien gouvernemental qui les aiderait à résoudre les problèmes environnementaux et sociaux auxquels ils font face. Peu à peu, toutefois, des citoyens s'organisent pour se faire entendre et passer à l'action. Des organisations non gouvernementales se portent à la défense de diverses causes. Issus de nombreux horizons et recourant à de multiples stratégies, ces groupes tentent, chacun à leur façon, de transformer les mentalités et les actions des gouvernements. Certains prônent le respect des droits de la personne, d'autres la coopération internationale, la protection de l'environnement ou l'équité sociale. Chacune de ces initiatives est importante, et nombre d'entre elles se complètent. La consommation responsable est une stratégie parmi d'autres, mais ne suffit pas à elle seule. Elle a cependant l'avantage de pouvoir être mise en œuvre dans notre vie quotidienne, en alignant nos achats sur nos valeurs. Ainsi, le géant Goliath devra affronter une multitude de Davids.

Chapitre VII
Juana

Toi Mixe du Mexique,
   moi Québécoise née en Suisse.
   Tu habites au milieu d'orchidées, près d'une forêt où vivent des singes et des milliers de papillons.
   Moi, je vis dans une ville en béton.
   Nous avons presque le même âge.
   À 15 ans tu es partie travailler dans une plantation de tomates. Des tomates que j'ai peut-être mangées. Tu as rencontré Féliciano. Tu l'as épousé. Dans son village, accroché aux montagnes, vous avez eu quatre enfants: Jessica, Itzel, Vidal et José-Javier.
   Pendant ce temps, moi j'étais à l'université. J'apprenais la signification du mot « développement ». Je suis venue habiter chez toi et j'ai mieux compris. En fait, j'ai désappris.
   Vous étiez impliqués dans la coop, mais pas riches pour autant. Il faut dire que vous n'avez pas beaucoup de terre et bien peu de caféiers. Même avec un prix équitable, ça ne fait pas beaucoup d'argent pour vivre l'année durant. L'autosuffisance a ses limites.

Vidal, Juana et José Javier.

Huit ans plus tard, je suis revenue vous voir.
Féliciano était parti. Depuis deux ans, jamais revenu.
El Norte, le Nord.
Pour que Jessica et Itzel poursuivent leurs études, il faut des sous. Clandestins. Féliciano, ton frère et un cousin s'en sont allés aux États-Unis. Ils ont dû s'y prendre à deux fois. Attrapés à la frontière, ils ont d'abord été incarcérés. Welcome to the USA. La deuxième fois, ça a marché.

Tu me racontes que Féliciano travaille dans une usine de plastique à Denver, Colorado. Je pense aux dioxines et aux furannes qu'il doit respirer. Je ne dis rien. Tes yeux sont bien assez embués.

Parce que ton mari est aux États, les gens du village pensent que tu es devenue riche. Se sentent-ils trahis ? Ou est-ce de la jalousie ? En plus de subir son absence, tu dois payer. Payer pour tout ce que Féliciano aurait normalement accompli.

Chaque dimanche, tu te rends à la caseta du village, là où se trouve le téléphone. Il t'appelle. Vous échangez des nouvelles. La vie se poursuit.

Moi, je retourne dans mon pays.

J'ai bien compris que le café équitable ne suffit pas, en tout cas pas dans votre cas. Il faut travailler plus globalement à l'élaboration d'un système plus juste, y compris dans ton pays. Étudier ne devrait pas être un luxe pour tes enfants, même à 15 ans.

Avant de rentrer à Montréal, je suis passée par Huatulco, petite ville touristique, chic, chic, chic. Je sais que tu n'y es jamais allée. Tu n'as jamais vu la mer. Il y avait bien sûr des étrangers, mais aussi beaucoup de Mexicains. Je n'ai cependant pas vu d'autochtones, sauf comme domestiques pour servir les touristes.

Le Mexique est riche, très riche : pétrole, tourisme, agriculture, culture, industries, tout y est. Ton pays est celui où il se fabrique le plus grand nombre de millionnaires chaque semaine. Nantis tout autant que mendiants, vous dites tous que le système est corrompu. Les riches s'en tirent sans payer de taxes ni d'impôts. J'ai jamais vu autant de voitures de luxe qu'à Polanco, quartier cossu de Mexico. Vêtements de grands couturiers et bijoux en or couvrent ceux et celles qui sortent de maisons gardées par des agents de sécurité armés. Parmi ces gardiens, des autochtones.

Juana, dis-moi qu'est-ce que vous attendez pour vous rebeller ? Y a Marcos au Chiapas... Imagine Juana : 50 millions d'hommes, de femmes et d'enfants qui, main dans la main, marcheraient pour s'approprier leur bien. Vous iriez pacifiquement vers les riches de votre pays et pourquoi pas, marcheriez jusqu'aux États-Unis. Au nombre que vous êtes, personne ne pourrait vous arrêter.

Je sais, c'est facile pour moi de parler ainsi. Je viens d'un pays où j'ai le droit de m'exprimer. Je viens d'un pays qui m'a offert plein de possibilités. Même si mes parents étaient paysans, j'ai pu aller à l'école jusqu'à l'université. Mon conjoint n'aura pas à s'exiler pour que mes enfants y aillent aussi. D'autres se sont battus pour moi, bien avant ma naissance. À eux, je dis merci et à toi aussi car une partie des richesses de mon pays provient de l'exploitation de gens comme toi. Il est grand temps de partager.

Conclusion
Résister à l'injustice

Ma cafetière commence à ronronner. Alors que j'entame la journée, son arôme capiteux envahit ma cuisine, comme dans des millions d'autres foyers, de bureaux et de restaurants.

Assise devant l'ordinateur dans mon appartement à Montréal, je pense à Juana, à Adela, à Félix et aux autres personnes grâce à qui je peux boire mon café. Au moment où j'écris ces lignes, Adela a fini de confectionner les tortillas pour la journée. Félix doit être dans la montagne en train de faire des terrasses dans sa petite plantation de café ou de semer du maïs. Il a probablement emprunté le petit sentier en bordure de la rivière et salué les gens sur son passage. Dans une bouteille de plastique, il transporte sans doute du café et dans son sac de toile coloré, des tortillas et des frijoles pour son dîner.

De l'extérieur, la vie d'Adela et de Félix semble idyllique. Au beau milieu d'une forêt humide, ils vivent dans un environnement merveilleux où les orchidées poussent en toute liberté. Un lieu où les bien nantis paieraient une fortune pour passer leurs vacances s'il n'y avait pas autant de pauvreté.

Même si la situation de nombreux habitants du village de Guadalupe s'est améliorée grâce à leur participation aux activités de la coopérative de café de l'UCIRI, de nombreux problèmes persistent. Les gens luttent pour des choses que les buveurs de café du Nord tiennent pour acquises : les services sociaux de base, la justice, le respect et la démocratie. Au Mexique, les autochtones et les paysans sont trop souvent opprimés. La rébellion zapatiste qui a eu cours et se poursuit dans l'État voisin du Chiapas vise à les libérer de l'héritage de la période coloniale. Les coopératives de café et le commerce équitable sont des outils importants qui aident des milliers de petits producteurs de café à s'en sortir. Ils n'ont cependant pas réussi à enrayer tous les problèmes liés à la pauvreté des marginalisés.

En quittant le village de Guadalupe où habitent Félix et Adela, j'ai rencontré un jeune homme, assis à côté de moi sur le toit de l'autobus. Avec son petit sac rouge, Arturo entreprenait son périple vers la frontière américaine. Ses yeux brillaient à la pensée des histoires qu'il avait entendues ou vues à la télé. Son oncle vivait à Los Angeles depuis des années et envoyait régulièrement de l'argent à sa famille. Il allait l'aider à se trouver un emploi. Arturo n'avait aucun papier. Lorsque je lui ai parlé de la beauté de son village et de mes sentiments à l'égard de son peuple, il m'a regardé en souriant. Je pouvais lire dans son regard qu'à son avis, il était facile pour moi de dire ça. Je pouvais aller et venir à ma guise. Ma survie ne dépendait pas de la fertilité de la terre ni du prix du café. Mes opinions politiques ne mettaient pas ma vie en danger. Ma peau était blanche, j'étais scolarisée et possédais un passeport canadien.

Le monde est injuste et nous le savons tous. Ce que ce livre tente de montrer, c'est que nous pouvons y faire une différence, beaucoup plus grande que nous l'imaginons. Chacun de nos choix a un effet sur la vie d'autrui et sur l'environnement. Nous sommes continuellement en lien avec des milliers d'hommes, de femmes et d'enfants qui ont cultivé la nourriture que nous mangeons, ont cousu les vêtements que nous portons et ont fabriqué les produits qui nous entourent. Si les étiquettes apposées sur ces objets nous permettaient de voir ces gens, nous ferions sans doute nos achats bien autrement. Pour moi, le café a un goût différent depuis que je connais le labeur et les espoirs qui y sont associés.

Dans les pays riches, nous excellons à parler de nos droits et de nos libertés. Il est plus difficile d'assumer nos responsabilités. Nous ne réalisons pas toujours qu'en les reniant, nous bafouons nos propres libertés ou celles de nos enfants.

Il m'arrive de comparer l'état actuel de notre planète à celui d'une ville du Moyen Âge. À cette époque, les gens jetaient leurs déchets et leurs eaux usées par les fenêtres. Ils ne réalisaient pas que ce faisant, ils propageaient de terribles maladies infectieuses qui les empoisonnaient. Ce comportement était considéré comme normal parce que tout le monde le faisait. Les nobles avaient beau s'isoler du peuple, certains virus et certaines bactéries finissaient par les rattraper. Un jour, les liens de cause à effet furent établis. Les premiers à en parler furent considérés comme des hurluberlus. Les changements ne se sont donc pas réalisés du jour au lendemain. Il a fallu du temps, de la sensibilisation et aussi des lois qui ont forcé une planification urbaine différente. Les comportements ont dû être changés pour le bien de tous.

À l'aube du troisième millénaire, la Terre est un peu comme une ville de cette époque. Malgré toutes les connaissances que nous avons, nous continuons de contaminer l'environnement et la société en adoptant des comportements que nous considérons comme « normaux ». Peu à peu, toutefois, nous commençons à réaliser notre part de responsabilité et nous changeons nos comportements.

Il y a quelques années, au retour de mon premier séjour au Mexique, j'ai essayé de convaincre un torréfacteur de l'importance du commerce équitable. Il a ri en me disant que tout le monde croit à la vertu et à la justice, mais que quand vient le temps de la mise en pratique, c'est une autre histoire, surtout si ça coûte plus cher. Il y a du vrai dans ces paroles. Bon nombre d'entre nous sommes prompts à condamner les multinationales parce qu'elles ne pensent qu'à leurs profits alors que nous nous félicitons d'obtenir des produits à prix d'aubaine sans égard aux problèmes environnementaux et sociaux que leur production a pu engendrer.

Aujourd'hui, le torréfacteur en question vend du café équitable certifié par TransFair Canada. Non pas à cause de la conversation que nous avons eue mais parce que de nombreux clients lui en ont demandé. L'argent fut sans doute pour lui un meilleur argument que la vertu.

En réclamant du café équitable, biologique et cultivé sous couvert forestier, nous créons une demande qui exerce une pression sur les entreprises. Le café n'est qu'un précurseur, un exemple qui peut s'appliquer à tous les produits. Nous formons le marché mondial. Il est temps de montrer que nous voulons autre chose que des produits bon marché. Nos choix peuvent contribuer à édifier un système économique au service des gens, plutôt que le contraire. L'expérience du commerce équitable et les répercussions qu'il a déjà sur la vie de milliers de personnes montrent qu'il ne s'agit pas d'un rêve chimérique.

Tout comme la démocratie, qui ne se limite pas à aller voter de temps à autre, la mondialisation de la justice sociale et environnementale n'est pas qu'un discours. Elle exige de passer de la pensée à l'action quotidienne. Elle doit s'exercer chaque jour, dans ce que nous disons aux politiciens et aux entreprises, dans ce que nous achetons et dans notre attitude à l'égard des gens qui nous entourent. La révolution actuelle et celles qui suivront s'amorcent dans notre esprit mais doivent se poursuivre dans chacune de nos actions. À nous de prendre le pouvoir au quotidien afin de construire le monde dans lequel nous souhaitons vivre et que nous souhaitons offrir à nos enfants.

Un geste à la fois !

NOTES

Introduction

1. Mark Pendergrast, *Uncommon Grounds: The History of Coffee and How It Transformed Our World*, New York, Basic Books, 1999. Aussi: Oxfam International, *Bitter Coffee: How the poor are paying for the slump in coffee prices*, Oxfam International, 2001.
2. Forbes, *Executive Pay, Forbes'American Most Powerful People*, « 44 Louis C. Camilleri », 2004, <www.forbes.com/static/execpay2004/LIRIG4B.html?passListId=12&passYear=2004&passListType=Person&uniqueId=IG4B&datatype=Person>.
3. Programme des Nations unies pour le développement (PNUD), *Rapport mondial sur le développement humain*, De Boeck Université, 1999.
4. Bill Gates (46,6 milliards$ US), Warren Buffet (42,9 milliards$ US) et Karl Albrecht (23 milliards$ US) dans *Forbes 2004*: <www.forbes.com/maserati/billionaires2004/billo4land.html>. Et: UNDP. *Rapport sur le développement humain 2004*, p. 186-87, 2004.
5. UNCTAD, *Secretary-General's remarks to Group of 77 meeting in Sao Paulo*, UNCTAD/XI/6, 14 June 2004. <www.unctadxi.org/templates/Press_536.aspx>.
6. *L'État du monde 2003*, Boréal: Montréal, 2002, p. 59. Tiré de la *Plateforme pour un commerce équitable*, rédigée par Monique Jeanmart, document de travail d'Équiterre, Montréal, été 2004.

7. International Coffee Organization (ICO), *Total Production of Exporting Countries*, 31 mars 2004.
8. Mark Pendergrast, *op. cit.*, p. 363.
9. Associated Press, *US to rejoin coffee trade regulators*, Washington, 15 septembre 2004.
10. Oxfam, *Deux poids deux mesures*, Résumé, Oxfam 2002, p. 13.
11. Jim Lobe, *International Groups Denounce World Trade Pact*, Global Policy Forum, 2 août 2004.
12. Jacques Berthelot. *L'agriculture, talon d'Achille de la mondialisation*, Paris, L'Harmattan, 2001.
13. Oxfam, *Une tasse de café au goût d'injustice*, 18 semptembre 2002, p. 13.
14. Oxfam International, *op. cit.*
15. Oxfam, *op. cit.*
16. Hugh Warwick, « Trouble Brewing », *The Ecologist*, vol. 31, n° 6, juillet-août 2001, p. 53.
17. *New York Times*, 24 mai 2001.

Chapitre premier

1. Abraham Lincoln, 19 novembre 1863, tiré de *The Collected Works of Abraham Lincoln*, vol. VII, publié sous la direction de Roy P. Basler à l'adresse Internet suivante : <showcase.netins.net/web/creative/lincoln/speeches/gettysburg.htm>.
2. Daniel Boudansky, « The Legitimacy of International Governance : A Coming Challenge for International Environmental Law », *American Journal of International Law*, vol. 93, n° 3, juillet 1999. Aussi : Edmund Jan Osmañczyk, *Encyclopedia of the United Nations and International Agreements*, deuxième édition, New York, Philadelphie et Londres, Taylor & Francis, 1990, p. 219 ; *A Dictionary of International Law and Diplomacy*, New York, Dobbs Ferry and Phonix Press Inc., 1973 ; *Webster's Encyclopedic Unabridged Dictionary of the English Language*, New York, Gramercy Books, 1989.
3. Osmañczyk, *op. cit.*
4. Joel Bakan, *The Corporation : The Pathological Pursuit of Profit and Power*, Toronto, Vicking Canada, 2004, p. 16.
5. Maude Barlow et Tony Clark, *Global Showdown : How the New Activists Are Fighting Global Corporate Rule*, Toronto, Stoddart, 2001. Aussi : David C. Korten, *The Post Corporate World : Life After Capitalism*, San Francisco, Kumarian Press and Berrett-Koehler Publishers, 1999, p. 174.

6. *World Development Indicators Database*, juillet 2003 et *Fortune's Global 500*, 2003.
7. Vittorio De Filippis, « Les producteurs de café broient du noir », *Libération*, 17 avril 2004.
8. Rapports annuels de 2000 de Philip Morris et de Nestlé. Aussi : PNUD, *op. cit.*
9. Pierre-Marc Johnson et Karel Mayrand, *Beyond Trade: The Case for a Broadened International Governance Agenda*, Montréal, Institut de recherche en politiques publiques, juin 2000.
10. Programme des Nations unies pour le développement, *Rapport mondial sur le développement humain 1999*, Londres, Oxford University Press, 1999, p. 1.
11. « Winners and Loosers », *The Economist*, 26 avril 2001.
12. Organisation Internationale du Travail (OIT), Commission mondiale sur la dimension sociale de la mondialisation. *Une mondialisation juste : Créer des opportunités pour tous*, 2004, p. 27-34. Programme des Nations unies pour le développement, *Rapport mondial sur le développement humain 1999*, *op. cit.*, p. 3.
13. Voir <www.lowblaw.com>.
14. Voir <www.gm.com>.
15. ETC Group, *Oligopoly, Inc.*, novembre-décembre 2003.
16. Voir <www.novartis.com>.
17. *World Development Indicators Database*, juillet 2003 et *Fortune's Global 500*, 2003.
18. Adam Smith, *Recherche sur les causes et la nature de la richesse des nations*, Paris, Économica, 2000 [1776].
19. Barlow et Clarke, *op. cit.* Aussi : Korten, *op. cit.*, et *Europe, Inc. : Dangerous liaisons between EU institutions and industry*, Amsterdam, Corporate Europe Observatory, 1997.
20. Herman E. Daly et B. Coob Jr., *For the Common Good : Redirecting the economy toward community, the environment, and a sustainable future*, Boston, Beacon Press, 1994. Herman E. Daly est un économiste incontournable pour quiconque s'intéresse aux effets pervers du système économique dominant.
21. G. Tyler Jr. Miller, *Living in the Environment*, 6e éd., Belmont (Calif.), Wadsworth Publishing Company, 1990.
22. Fondation David Suzuki, *À couper le souffle : Les effets de la pollution atmosphérique et des changements climatiques sur la santé*, Vancouver, mai 1999, p. 30.

23. E.O. Wilson, « La biodiversité : Un enjeu planétaire », *L'Observateur de l'OCDE*, OCDE, 15 juin 2001.
24. Monica Moore, « Hidden Dimensions of Damage : Pesticides and Health », *Fatal Harvest*, Washington, Covelo et Londres, Island Press, 2002, p. 255.
25. Comité permanent de l'environnement et du développement durable, *Les pesticides : Un choix judicieux s'impose pour protéger l'environnement*, Ottawa, Chambre des communes du Canada, mai 2000, p. xvi.
26. Hubert Reeves, « L'homme : le seul être vivant apte à s'autodétruire », *Le Devoir*, 31 août et 1er septembre 2002, p. F7 et F14.
27. Antony McGrew, *The Transformation of Democracy?* Cambridge, Polity Press, 1997.
28. Agence canadienne de développement international (ACDI), *Mini-dictionnaire du développement international*, Ottawa, ministère des Approvisionnements et Services, 1990, p. 92.
29. Gwynne Dyer, *Globalization of the Nation-State : Behind the Headlines*, Ottawa, Institut canadien des affaires internationales, 1996, p. 1-15.
30. Philip G. Cerny, « Globalization and the Erosion of Democracy », *European Journal of Political Research*, vol. 36, 1999, p. 5.
31. On trouvera un bon aperçu du processus d'acculturation et de choix d'une marque en consultant Naomi Klein, *No Logo. La tyrannie des marques*, Montréal, Leméac, 2002.
32. Voir l'excellent travail de l'Adbusters Media Foundation à l'adresse suivante : <www.adbusters.org>.
33. John de Graaf, David Wann et Thomas H. Naylor, *J'achète : Combattre l'épidémie de surconsommation*, Fides, Montréal, 2004.
34. J'ai assisté à cette conférence de presse tenue au Mayflower Park Hotel à Seattle, le 29 novembre 1999.
35. *La Presse*, 21 mai 2001.
36. Steven Shrybman, *The World Trade Organization : A Citizen's Guide*, Centre canadien de politiques alternatives à Ottawa et à Toronto, James Lorimer & Company, 1999.
37. Conférence des Nations Unies sur le commerce et le développement, « UNCTAD and WTO : A Common Goal in a Global Economy », communiqué diffusé à l'adresse suivante : <www.unctad.org/Templates/webflyer.asp?docid=3607&intItemID=2298&lang=1>.
38. Zo Randriamaro, *L'accord sur les ADPIC et le brevetage des semences : impact sur la sécurité alimentaire et les femmes en Afrique*, 12 septembre 2002. <twnafrica.org/gera/gera_detail.asp?twnID=361>.

39. Martin Khor, « Global Economy and the Third World », tiré de *The Case Against the Global Economy*, San Franscisco, Sierra Club Books, 1996. Aussi : Shrybman, *op. cit.*
40. Research Foundation for Science, Technology and Ecology (RFSTE) : <www.vshiva.net>.
41. Secrétariat nord-américain de l'Accord de libre-échange, à l'adresse suivante : <www.nafta-sec-alena.org>.
42. Martin Petit et Martin Poirier, *Mondialisation et Environnement*, Institut de recherche et d'information socio-économique (IRIS), Montréal, avril 2001.

Chapitre II

1. McGrew, *op. cit.*
2. Programme des Nations unies pour le développement (PNUD), *Rapport mondial sur le développement humain 2000*, Londres, Oxford University Press, 2000.
3. Office national du film du Canada, séquences filmées par Hugo Latulippe le 28 août 2000 à Sainte-Croix-de-Lotbinière lors de la préparation de *Bacon, le film*, un documentaire diffusé en septembre 2001.
4. Hugo Latulippe, *Bacon, le livre. Scénario et carnets de résistance*, Montréal, L'effet pourpre, 2003, p. 124-125.
5. Serge Mongeau, *La simplicité volontaire, plus que jamais...*, Montréal, Écosociété, 1998.
6. Stéphane Lauer, « La distribution est désemparée face aux "alterconsommateurs" », *Le Monde*, 14 juillet 2004.
7. Fabien Deglise. « Le virage bio », *Protégez-vous*, août 2001. p. 17-20.
8. Mathieu-Robert Sauvé, « Les bonnes actions », *L'Actualité*, vol. 26, n° 2, février 2001, p. 66.
9. On trouvera plus d'information sur les placements éthiques à l'adresse suivante : <www.socialinvestment.ca>.
10. En ce sens, l'avant projet de loi du gouvernement Charest n'a pas encore fait ses preuves. Louis-Gilles Francœur, « Un développement durable made in Québec », *Le Devoir*. 27-27 novembre 2004.
11. McGill Business Watch : <mgmtiis4.management.mcgill.ca/mbw/index.htm>.
12. Voir la page Web de Natural Capitalism : <www.naturalcapitalism.org>. Aussi : Paul Hawken, *The Ecology of Commerce : A Declaration of Sustainability*, New York, HarperBusiness, 1994, p. XIV.

13. Patricia B. Seybold, *The Customer Revolution: How to thrive when customers are in control*, New York, Crown Business, 2001, p. XVI.
14. *Ibid.*, p. XV.
15. *Adbusters*, mars-avril 2001, n° 34, p. 38.
16. Tom Price, « Philip Morris Changes Its Name But Not Its Tactics », *CorpWatch*, 14 mars 2002.
17. Site Internet de Philip Morris : <www.philipmorris.com>.
18. Second sommet populaire, Déclaration du Forum Environnement, Montréal, Regroupement québécois des groupes écologistes, 18 avril 2001.
19. Shrybman, *op. cit.*, p. 11.
20. Lori Wallach et Michelle Sforza, *Whose Trade Organization?*, Washington D.C., Public Citizen, 1999, p. 22 à 29.
21. Johnson et Mayrand, *op. cit.*

Chapitre III

1. Statistique Canada n° 32-229-XPB. *Consommation des aliments au Canada : Partie I*, Ottawa, juin 1999.
2. Paul D. Rice, et Jennifer Mclean, *Sustainable Coffee at the Crossroads*, Washington D.C., Consumer's Choice Council, 15 octobre 1999, p. 21.
3. Rice et McLean, *op. cit.*, p. 12.
4. Conférence des Nations unies sur le commerce et le développement, <www.unctad.org/fr/frhome.htm>.
5. Chiffres de la Banque mondiale cités dans Oxfam International, *Une tasse de café au goût d'injustice*, 2002 p. 8.
6. Gordon Wrigley, *Coffee*, New York, Longman Scientific & Technical, 1988.
7. Greg Dicum et Nina Luttinger, *The Coffee Book: Anatomy of an Industry from Crop to the Last Drop*, New York, The New Press, 1999.
8. *Ibid.*, p. 26.
9. Serge Truffaut, « L'esclavage prospère », *Le Devoir*, 5 janvier 2004, p. A6.
10. Organisation Internationale du Travail (OIT), « Attente à Correntes : Le travail forcé au Brésil », *Magazine Travail*, 25 mai 2004.
11. *Ibid.*
12. Museo Nacional de Culturas Populares, *La Vida en un Sorbo*, Exposition tenue à Mexico, de mai 1996 à février 1997.

13. Armando Batra, *El México Bárbaro: Plantaciones Y Monterías Del Sureste Durante El Porfiriato*, Mexico, El Atajo Ediciónes, 1996.
14. *Ibid.*
15. Museo Nacional de Culturas Populares, *op. cit.*
16. Linda Diebel, « Mexicans Paying Big Price for NAFTA », *Toronto Star*, 15 avril 2001.
17. Karen Lehman, « Au Mexique, les fausses promesses de l'ALENA », *le Monde diplomatique*, novembre 1996, p. 26.
18. Robert A. Rice et Justin R. Ward, *Coffee, Conservation, and Commerce in the Western Hemisphere*, Washington D.C., Smithsonian Migratory Bird Center, 1996. Aussi: Pendergrast, *op. cit.*, p. 400.
19. Voir la bibliographie pour une liste complète.
20. Pendergrast, *op. cit.* Aussi: I. Perfecto et J. Vandermeer, « Microclimatic changes and the indirect loss of ant diversity in a tropical agroecosystem », *Oecologia*, vol. 108, novembre 1996, p. 577 à 582. Aussi: I. Perfecto, J. Vandermeer, P. Hanson et V. Cartin, « Arthropod biodiversity loss and the transformation of tropical agro-ecosystem », *Biodiversity and Conservation*, vol. 6 et 7, juillet 1997, p. 935 à 945. Aussi: Perfecto et Vandermeer, *op. cit.*, 1996.
21. Rice et Ward, *op. cit.*
22. Perfecto, Vandermeer, Hanson et Cartin, *op. cit.* Aussi: Russel Greenberg, Peter Bichier, Andrea Angon Cruz et Robert Reitsma, « Bird Populations in Shade and Sun Coffee Plantations in Central Guatemala », *Conservation Biology*, vol. 11 (avril 1997), p. 448 à 459. Aussi: Greenberg, Russel, « Birds in the Tropics, The Coffee Connection », *Birding*, Washington D.C., décembre 1996, p. 472 à 481.
23. Rice et Ward, *op. cit.*
24. Rice et Ward, *op. cit.*
25. Robert et Abbot Robins, *op. cit.* Aussi: J. Lumbanraja., T. Syam, H. Nishide, A. K. Mahi, M. Utomo et M. Kimura, « Deterioration of Soil Fertility by Land Use Changes in South Sumatra, Indonesia: from 1970-1990 », *Hydrological Processes*, octobre-novembre 1998, p. 2003 à 2013.
26. *Ibid.*
27. Dicum et Luttinger, *op. cit.*, p. 54.
28. Julie Brière et Françoise Ruby, « Le top 10 des résidus de pesticides », *Protégez-vous*, août 1995, p. 18.
29. Entrevue avec Joel López Sánchez, ingénieur chez Agroquimicos y Semillas del Sur à Oaxaca (Mexique), le 22 juin 1992. Entrevue avec Bernardo

Martinez Santiago, du magasin de produits agrochimiques « Agropecuaria La Gran "J" Del Istmo » à Juchitan (Mexique).
30. Integrated Coffee Technologies Inc (ICTI) : <www.integratedcoffee.com>.
31. Alex Kirby, « GM Coffee "Threatens Farmers" », *BBC News Online*, 17 mai 2001.

Chapitre IV

1. PNUD, *op. cit.*, 1999.
2. Fédération colombienne du café, <www.juanvaldez.com/menu/history/ethics.html>.
3. Michel Taille, « La Colombie mise sur l'équitable », *Libération*, 17 avril 2004.
4. CNUCED, *Le café : guide de l'exportateur*, Genève, 1992.
5. Rice et McLean, *op. cit.*, p. 22.
6. Rice et McLean, *op. cit.*, p. 11.
7. Visites de reconnaissance dans les plantations de café au Mexique, octobre et novembre 2000.
8. Les prénoms ont été changés afin de préserver l'anonymat des personnes présentées dans ce texte.
9. Museo Nacional de Culturas Populares, *op. cit.*
10. INEGI, *Anuario Estadístico del Estado de Oaxaca*, Mexique, 1995. Aussi : PNUD, *Rapport mondial sur le développement humain 1994*, New York, 1994, p. 223.
11. Entrevue avec le docteur Aurora Juez à Lachiviza, le 24 mai 1996.
12. Entrevue avec le docteur Gregorio de Anda à San José el Paraíso, le 30 mai 1996.
13. FAO, *Agricultural Data*, FAOSTAT, données pour l'année 2002.
14. Entrevue avec Hanneke Kruit à San José el Paraíso, le 3 juin 1996.
15. Christian Marlin, *Les stratégies des grands torréfacteurs et importateurs sur le marché international du café*, Paris, Max Havelaar France, mai 1993, p. 34.
16. María Cristina Renard, *La Comercialización international del café*, Universidad Autonoma Chapingo, Mexico, 1993, p. 48.
17. Vittorio De Filippis, « Les producteurs de café broient du noir », *Libération*, 17 avril 2004.
18. *Ibid.*, p. 38.

19. Coffee Association of Canada, 2004. Voir <www.coffeeassoc.com/coffeeincanada.htm>.
20. *Ibid.*
21. Gérard Tortora, *Principes d'anatomie et de physiologie*, Montréal, Centre éducatif et culturel, 1988.
22. David Ramson, « What's Brewing », *New Internationalist*, septembre 1995, p. 19. Aussi : Kenneth Davids, *A Guide to Buying, Brewing and Enjoying*, San Franscisco, 101 Productions, 1979.
23. Peter Jaret, « More than just caffeine », *Los Angeles Times*, 7 juin 2004, rapportant les résultats de plusieurs études menées par l'épidémiologiste Alan Leviton du Harvard Medical School et de chercheurs du Harvard School of Public Health.
24. Davids, *op. cit.*

Chapitre V

1. Ximena Avellaneda Diaz, « Los grupos etnicos del estado de Oaxaca », *América Indígena*, vol. 50, n° 2, 1990, p. 8-9.
2. Marcus Winter, « Periodo Prehispanico », tiré de *Historia de la cuestion agraria mexicana : Estado de Oaxaca/Prehispanico-1924*, Mexique, Universidad autonoma Benito Juarez de Oaxaca, 1988, p. 23 à 106.
3. Winter, *op. cit.*, 1990.
4. Diaz, *op. cit.*
5. UCIRI, « ¿Quienes somos ? », *Nuestro Caminar*, Ixtepec, Pasos, n° 28, novembre 1991, p. 6.
6. Frans Van der Hoff, *Organizar la Esperanza*, thèse de doctorat, Universidad Católica de Nimega, Kampen, Uitgeversmaatschappij J. H. Kok, 1992.
7. *Ibid.*, p. 9.
8. UCIRI, « Nuestra Historia », *Nuestro Caminar*, Ixtepec, Pasos, n° 27, 1991.
9. Entrevue avec Isaias Martinez Morales, ancien président de l'UCIRI et responsable des affaires extérieures, Ixtepec, 20 juin 1996.
10. Entrevue avec Roberto Raygoza Beltran, Lachiviza, 14 juin 1996.
11. Entrevue avec Cliserio Villanueva, alors président de l'UCIRI dans la communauté de Guadelupe Guevea, Oaxaca, Mexique, 9 juin 1996.
12. Communication transmise par Frans Van der Hoff directement à l'auteure, printemps 2001.

13. UCIRI, dépliant descriptif de l'organisation, aucune date de publication indiquée, document obtenu au printemps 2004.
14. Nico Roozen et Frans Van der Hoff, *L'aventure du commerce équitable : Une alternative à la mondialisation par les fondateurs de Max Havelaar*, Paris, JC Lattès, 2002, p. 47.
15. Traduction libre de l'auteure.

Chapitre VI

1. Nico Roozen et Frans Van der Hoff, *op. cit.*, p. 104.
2. Laure Waridel et Sara Teitelbaum, *Le commerce équitable en Europe : une poussée pour des échanges plus justes aux Pays-Bas, en Belgique, en Suisse et en France*, Montréal, Équiterre, 1999.
3. European Fair Trade Association (EFTA), *Fair Trade in Europe : Facts and figures on the fair-trade sector in 16 European countries*, Maastricht, 1998. Et : Fairtrade Labelling Organizations International, mars 2004, <www.fairtrade.net>.
4. *Ibid.*
5. Nico Roozen et Frans Van der Hoff, *op. cit.*
6. Les différents critères de certification sont disponibles sur le site Internet de FLO International : <www.fairtrade.net>.
7. Information obtenue directement de Caroline Whitby, directrice de TransFair Canada, août 2004.
8. Fair TradeMark Canada, trousse d'information, 1996, p. 3.
9. Information obtenue directement de Caroline Whitby, directrice de TransFair Canada, août 2004.
10. *Ibid.*
11. Transfair Canada, *Fair Trade Certified Market Statistics*, mise à jour avril 2004.
12. Daniele Giovannucci, *Sustainable Coffee Survey of the North American Specialty Coffee Industry*, recherche effectuée pour la fondation Summit, la Nature Conservancy, la Commission nord-américaine de coopération environnementale, la Specialty Coffee Association of America et la Banque mondiale, mai 2001.
13. Information obtenue directement de Caroline Whitby, directrice de TransFair Canada, août 2004 et TransFair USA : <www.transfairusa.org>.
14. Disponible sur le site Internet d'Équiterre : <www.equiterre.org>.
15. Entrevue téléphonique avec Deborah Moore, cofondatrice de Just Us !, le 9 novembre 1999.

16. Questions abordées lors de la conférence de la SCAA sur le café tenue à San Francisco, du 14 au 18 avril 2001.
17. Information obtenue de Iezzoni, directeur général d'Équita, 29 août 2004.
18. Voir le site d'Oxfam International : <www.maketradefair.org>.
19. Voir liste d'organisations présentée à la fin du livre.
20. Deborah James, « Justice and Java : Coffee in a Fair Trade Market », *North American Congress on Latin America*, vol. 34, n° 2, octobre 2000.
21. Patricia B. Seybold, *The Customer Revolution : How to thrive when customers are in control*, New York, Crown Business, 2001.
22. Fédération internationale des mouvements d'agriculture biologique, document sur la position de la Fédération au sujet de l'agriculture biologique préparé pour la conférence de la FAO intitulée « Cultiver notre avenir », tenue à Maastricht du 12 au 17 septembre 1999.
23. Fédération internationale des mouvements d'agriculture biologique, *op. cit.*
24. Jennifer McLean, *Merging Ecological and Social Criteria for Agriculture : The Case of Coffee*, Université du Maryland, décembre 1997.
25. Shrybman, *op. cit.*, p. 11.
26. Patrick Mallet, *ISEAL Alliance Strategic Role : Background Paper*, Knowlesville, Falls Brook Centre, mai 2001.

Bibliographie

« Accord de libre-échange nord-américain : entre le gouvernement du Canada, le gouvernement des États-Unis d'Amérique et le gouvernement du Mexique », Ottawa, ministère des Approvisionnements et Services, 1993.

ADBUSTERS. « Corporate Spotlight », *Adbusters* (Vancouver), n° 34, mars-avril 2001, p. 38.

AKTOUF, Omar. *La stratégie de l'autruche : Post-mondialisation, management et rationalité économique*, Montréal, Écosociété, 2002.

ALTERNATIVE ÉCONOMIQUE. *Commerce international : Y a-t-il une alternative au libre-échange ?* n° 225, mai 2004.

ANDERSON, Sara et John CAVANAGH. *Field Guide to the Global Economy*, New York, The New Press, 1999.

BAKAN, Joel. *The Corporation : The Pathological Pursuit of Profit and Power*, Toronto, Vicking Canada, 2004, p. 16.

BALANYÁ, Belén, Ann DOHERTY, Olivier HOEDEMAN, Adam MA'ANIT et Éric WESSELIUS. *Liaisons dangereuses entre institutions & milieux européens*, Marseille, Agone, 2000.

BARLOW, Maude et Tony CLARK. *Global Showdown : How the New Activists are Fighting Global Corporate Rule*, Toronto, Stoddart, 2001.

BARRAT-BROWN, Michael. *Fair Trade*, Londres et New Jersey, Zed Books, 1993.

BARTRA, Armando. *El México Bárbaro: Plantaciones Y Monterías Del Sureste Durante El Porfiriato*, Mexico, El Atajo Ediciónes, 1996.

BERTHELOT, Jacques. *L'agriculture, talon d'Achille de la mondialisation*, Paris, L'Harmattan, 2001.

BOUDANSKY, Daniel. «The Legitimacy of International Governance: A Coming Challenge for International Environmental Law», *American Journal of International Law*, vol. 93, n° 3, juillet 1999.

BRIÈRE, Julie et Françoise RUBY. «Le top 10 des résidus de pesticides», *Protégez-vous*, août 1995, p. 18.

BRITISH DEPARTMENT FOR INTERNATIONAL DEVELOPMENT. «Developments», *The International Development Magazine* (Londres), n° 2, second trimestre, 1998.

BROWNE, A.W., P.J.C. HARRIS, A.H. HOFNY-COLLINS et R.R. WALLACE. *Ethical Trading: Definition, Practice and Possible Links with Organic Agriculture*, The Natural Resources Policy and Advisory Department of the Department for International Development, 1998.

CERNY, Philip G. «Globalization and the Erosion of Democracy», *European Journal of Political Research* (Dordrecht), vol. 36, 1999, p. 1-26.

CHEVALIER, Jacques M. et Daniel BUCKLES. *A Land Without God*, Londres et New Jersey, Zed Books, 1995.

CHOSSUDOVSKY, Michel. *La mondialisation de la pauvreté*, Montréal, Écosociété, 1998.

COHN, H. Theodore. *The International Politics of Agricultural Trade*, Vancouver, University of British Columbia Press, 1990.

COLLIER, George A. *Basta! Land and the Zapatista Rebellion in Chiapas*, Oakland, Food First Book, 1994.

COMITÉ PERMANENT DE L'ENVIRONNEMENT ET DU DÉVELOPPEMENT DURABLE. *Les pesticides: Un choix judicieux s'impose pour protéger l'environnement*, Ottawa, Chambre des communes du Canada, mai 2000, p. xvi.

COMMISSION DE COOPÉRATION ENVIRONNEMENTALE. *L'évaluation de l'intérêt des consommateurs pour le café d'ombre du Mexique: une analyse des marchés canadien, mexicain et amé-*

ricain, Montréal, Commission de coopération environnementale de l'Amérique du Nord, 1999.

COMMISSION DE COOPÉRATION ENVIRONNEMENTALE. *Libre-échange et environnement : Un tableau plus précis de la situation*, Montréal, Commission de coopération environnementale de l'Amérique du Nord, 2002.

COMMISSION DE COOPÉRATION ENVIRONNEMENTALE. *Supporting Green Markets*, Montréal, Commission de coopération environnementale de l'Amérique du Nord, 1999.

COMMISSION MONDIALE SUR LA DIMENSION SOCIALE DE LA MONDIALISATION de L'ORGANISATION INTERNATIONALE DU TRAVAIL. *Une mondialisation juste : créer des opportunités pour tous*, Genève, OIT, février 2004.

CONFÉRENCE DES NATIONS UNIES SUR LE COMMERCE ET LE DÉVELOPPEMENT. « Coffee : An Exporter's Guide », Genève, Nations Unies, 1992.

CONFÉRENCE DES NATIONS UNIES SUR LE COMMERCE ET LE DÉVELOPPEMENT. « Commodity Yearbook 1995 », Genève, Nations Unies, 1995.

COOTE, Belinda. *The Trade Trap : Poverty and the Global Commodity Markets*, Oxford, Oxfam, 1992.

COSTANZA, Robert, John CUMBERLAND, Herman DALY *et al. An Introduction to Ecological Economics*, Boca Raton, St. Lucie Press, 1997.

CORPORATE EUROPE OBSERVATORY. *Europe Inc : Dangerous Liaisons Between EU Institutions and Industry*, Amsterdam, CEO, 1997.

COURVILLE, Sasha Leigh. *Not Just Trade : Steps Toward Incorporating Social and Ecological Costs into International Trade. Lessons Learned from 'Better' Case Studies of Coffee Production-to-Consumption Systems*, thèse de doctorat en philosophie présentée à l'Université nationale australienne, juin 2001.

CRUZ, Manuel Angel Gómez, Rita SCHWENTESIUS RINDERMAN et Laura GÓMEZ TOVAR. *Agricultura Organica de México : Datos Basicos*, Chapingo, Centro de Investigaciones Económicas, Sociales y Tecnológicas de la Agroindustria y la Agricultura Mundial, 2000.

DALY, Herman E. et B. COOB Jr. *For the Common Good: Redirecting the Economy Toward Community, the Environment, and a Sustainable Future*, Boston, Beacon Press, 1994.

DAVIDS, Kenneth. *A Guide to Buying, Brewing and Enjoying*, San Francisco, 101 Production, 1979.

DAWKINS, Kristin. *Principles of Fair Trade and a Just Foreign Policy*, Penang, Third World Resurgence, 1993.

DE CENIVAL, Laure. *Commerce équitable, citoyenneté d'entreprise et des consommateurs*, Paris, Sologral/FNDVA, 1997.

DE FILIPPIS, Vittorio. « Les producteurs de café broient du noir », *Libération*, 17 avril 2004.

DE GRAAF, John, David WANN et Thomas H. NAYLOR. *J'achète: Combattre l'épidémie de surconsommation*, Fides, Montréal, 2004.

DECORNOY, Jacques. « Les voies et les moyens du commerce équitable », *Manière de voir*, n° 32, novembre 1996, p. 80.

DEGLISE, Fabien. « Un marché qui tarde à s'imposer », *Le Devoir*, 22 septembre 2002.

DEGLISE, Fabien. « Équitable, mon œil! », *Le Devoir*, 17-18 mai 2003.

DEWEY, K.G. *Nutrition Consequences of the Transfer from Subsistence to Commercial Agriculture in Tabasco: Food Energy in Tropical Ecosystems*, New York, Gordon and Breach Science Publisher, 1985, p. 105-144.

DIAZ, Ximena Avellaneda. « Los grupos etnicos del estado de Oaxaca », *América Indígena*, vol. 50, n° 2, 1990, p. 8-9.

Dictionary of International Law and Diplomacy, New York, Dobbs Ferry et Phoenix Press inc., 1973.

DICUM, Greg et Nina LUTTINGER. *The Coffee Book: Anatomy of an Industry from Crop to the Last Drop*, New York, The New Press, 1999.

DIJKSTERHUIS, Koos. *Fair Trade: Guide to Good Practice*, La Haye, Towns & Development, 1995.

DUMONT, René. *Un monde intolérable: Le libéralisme en question*, Paris, Seuil, 1988.

DYER, Gwynne. *Globalization of the Nation-State; Behind the Headlines*, Ottawa, Institut canadien des affaires internationales, 1996.

ÉQUITERRE et PROTÉGEZ-VOUS. *Guide du consommateur responsable — le pouvoir de nos choix*, Collection Protégez-Vous en partenariat avec Équiterre, avril 2004, 64 pages.

ÉQUITERRE. Trousse commerciale « *Le café équitable : une tendance à la hausse dans l'industrie* », Montréal, Équiterre, 2000.

ETC Group, *Oligopoly Inc*, novembre/décembre 2003.

EUROPEAN FAIR TRADE ASSOCIATION (EFTA). *Fair Trade in Europe : Facts and figures on the Fair-Trade Sector in 16 European Countries*, Maastricht, European Fair Trade Association, 1998.

EUROPEAN FAIR TRADE ASSOCIATION (EFTA). *Fair Trade Yearbook*, Maastricht, European Fair Trade Association, 1995.

EUROPEAN FAIR TRADE ASSOCIATION (EFTA). « Commerce équitable : Mémento pour l'an 2000 », Maastricht, European Fair Trade Association, 1998.

EUROPEAN FAIR TRADE MARKING MOVEMENT. *Draft Opinion of the Section for External Relations, Trade and Development Policy on the European « Fair Trade » Marking Movement*, Bruxelles, European Fair Trade Marking Movement, 24 novembre 1995.

FAIRTRADE LABELLING ORGANIZATIONS INTERNATIONAL. *Les conditions pour l'achat de café Max Havelaar/TransFair/FairTrade*, Utrecht, Fairtrade Labelling Organizations International, juin 1995.

FAIRTRADE LABELLING ORGANIZATIONS INTERNATIONAL. « Commerce Équitable : Une alternative viable pour les petits planteurs », Utrecht, Fairtrade Labelling Organizations International, avril 1998.

FAIR TRADE FEDERATION et IFAT. *2003 Report on Fair Trade Trends in the US, Canada & Pacific Rim*, Fair Trade Federation et IFAT, 2004.

FÉDÉRATION ARTISANS DU MONDE. *Échangeons le monde ! Échangeons équitablement !*, Paris, Fédération Artisans du Monde, 1999.

FÉDÉRATION INTERNATIONALE DES MOUVEMENTS D'AGRICULTURE BIOLOGIQUE. « IFOAM position document on organic agriculture », préparé pour la conférence de la FAO intitulée « Cultiver notre avenir », Maastricht, septembre 1999.

FERRÉ, Felipe. *L'aventure du café*, Milan, Denoël, 1988.

FONDATION DAVID SUZUKI. *À couper le souffle : Les effets de la pollution atmosphérique et des changements climatiques sur la santé*, Vancouver, mai 1999, p. 30.

FORCESE, Craig. *Donner une conscience au commerce*, Montréal, Centre international des droits de la personne et du développement démocratique, 1997.

GANDINI, Jean-Jacques. *Les droits de l'homme*, Anthologie, Paris, Librio, 1998.

GÉLINAS, Jacques B. *Et si le Tiers Monde s'autofinançait*, Montréal, Écosociété, 1994.

GÉLINAS, Jacques B. *La globalisation du monde : Laisser faire ou faire ?* Montréal, Écosociété, 2000.

GIOVANNUCCI, Daniele. *Sustainable Coffee Survey of the North American Specialty Coffee Industry*, recherche effectuée pour la fondation Summit, la Nature Conservancy, la Commission nord-américaine de coopération environnementale, la Specialty Coffee Association of America et la Banque mondiale, mai 2001.

GREENBERG, Russel, Peter BICHIER, Andrea Angon CRUZ et Robert REITSMA. « Bird Populations in Shade and Sun Coffee Plantations in Central Guatemala », *Conservation Biology*, vol. 11, avril 1997, p. 448-459.

GREENBERG, Russel. « Birds in the Tropics, The Coffee Connection », *Birding*, Washington, D.C., décembre 1996, p. 472-481.

GREENFIELD, Myrna. *Alternative Trade : Giving Coffee a New Flavor : Making Coffee Strong,* Boston, Equal Exchange, 1993, p. 7-12.

GROUPE DE RECHERCHE D'INTÉRÊT PUBLIC DU QUÉBEC. *Justice sans faim*, Montréal, Université de Montréal, 1994.

HAWKEN, Paul. *The Ecology of Commerce : A declaration for sustainability*, New York, HarperBusiness, 1993.

HUNTER, Catherine. « Fair Trade Needs More Consumer Support to Grow », *Dow Jones Newswires*, 28 juin 2001.

INSTITUTE FOR AGRICULTURE AND TRADE POLICY (IATP). *Promoting Biological Diversity Through Sustainable Certification and Fair Trade*, Minneapolis, IATP, 1999.

INTERNATIONAL COFFEE ORGANIZATION (ICO). « Total Production of Exporting Countries », 31 mars 2004. <www.ico.org/frameset/traset.htm>.

JAMES, Deborah. « Justice and Java : Coffee in a Fair Trade Market », *North American Congress on Latin America*, vol. 34, n° 2, octobre 2000.

JOHNSON, Pierre-Marc et Karel MAYRAND. *Beyond Trade : The Case for a Broadened International Governance Agenda*, Montréal, Institut de recherche en politiques publiques, juin 2000.

KHOR, Martin. « Global Economy and the Third World », *The Case Against the Global Economy*, San Francisco, Sierra Club Books, 1996.

KIRBY, Alex. « *GM coffee "threatens farmers"* », Bulletin d'information en ligne de la BBC, 17 mai 2001.

KLEIN, Naomi. *No Logo : La tyrannie des marques*, Montréal, Leméac, 2002.

KORTEN, David C. *The Post Corporate World : Life After Capitalism*, San Francisco, Kumarian Press et Berrett-Koehler Publishers, 1999.

KRIER, Jean-Marie. *Fair Trade in Europe 2001*, Maastricht, European Fair Trade Association, 2001.

L'état du monde 2003, Montréal, Boréal, 2002.

LAUER, Stéphane. « La distribution est désemparée face aux "alter-consommateurs" », *Le Monde*, 14 juillet 2004.

LEHMAN, Karen. « Au Mexique, les fausses promesses », *Le Monde diplomatique*, novembre 1996, p. 26.

LEROY, Milène. *Le guide du consommateur responsable*, Paris, Marabout, 2002.

LEWIN, Bryan, Daniele GIOVANNUCCI et Varangis PANOS. *Coffee Markets : New Paradigms in Global Supply and Demand*, Washington, Banque mondiale, Agriculture and Rural Development Discussion Paper 3, mars 2004.

LINCOLN, Abraham Lincoln, 19 novembre 1863, tiré de *The Collected Works of Abraham Lincoln*, vol. VII, publié sous la direction de Roy P. BASLER à l'adresse suivante : showcase.netins.net/web/creative/lincoln/speeches/gettysburg.htm

LINTON, April. *Marketing Social Responsability : The Fair Trade Coffee Campaign*, San Diego, Princeton University of California, octobre 2002.

LUMBANRAJA, J., T. SYAM, H. NISHIDE, A.K. MAHI, M. UTOMO et M. KIMURA. « Deterioration of Soil Fertility by Land Use Changes in South Sumatra, Indonesia : from 1970-

1990 », *Hydrological Processes*, octobre-novembre 1998, p. 2003-2013.

M'GONIGLE, Michael. *An Emerging Global Constitution. Focus on Forests and Communities*, Victoria, The International Network of Forests and Communities, Édition OMC, novembre 1999.

MALLET, Patrick. *ISEAL Alliance Strategic Role: Background Paper*, Knowlesville, Falls Brook Centre, mai 2001.

MANDER, Jerry et Edward GOLDSMITH (dir.). *The Case Against the Global Economy and for a Turn Toward the Local*, San Francisco, Sierra Club Books, 1996.

MASTNY, Lisa. *Purchasing Power: Harnessing Institutional Procurement for People and the Planet*, Washington, World Watch Institute Paper 166, 2003.

MAX HAVELAAR FRANCE. *Vers un commerce plus juste: les consommateurs s'engagent*, Paris, Max Havelaar France, avril 1998.

MAX HAVELAAR SUISSE. *Max Havelaar Express*, Bâle, Max Havelaar Suisse, mars 1998.

MAX HAVELAAR SUISSE. *Rapport annuel 1996*. Bâle, Max Havelaar Suisse, 1996.

McGREW, Antony. *The Transformation of Democracy*, Cambridge, Polity Press, 1997.

McLEAN, Jennifer. *Merging Ecological and Social Criteria for Agriculture: The Case of Coffee*, mémoire de maîtrise, Université du Maryland, décembre 1997.

MONGEAU, Serge. *La simplicité volontaire, plus que jamais...*, Montréal, Écosociété, 1998.

MOORE, Monica. « Hidden Dimensions of Damage: Pesticides and Health », *Fatal Harvest*, Washington, Covelo et Londres, Island Press, 2002, p. 255.

MOUTERDE, Pierre. *Quand l'utopie ne désarme pas: Les pratiques alternatives de la gauche latino-américaine*, Montréal, Écosociété, 2002.

MURPHY, Brian K. *De la pensée à l'action: La personne au cœur du changement social*, Montréal, Écosociété, 2001.

PIGNATELLI et Jim BRIGHAM. *Fair Alternative with Integrated Rules: Toward a European Charter of Criteria for Fair Trade*, Rome, Anterem, 1998.

ORGANISATION INTERNATIONALE DU TRAVAIL (OIT), « Attente à Correntes : Le travail forcé au Brésil », *Magazine Travail*, n° 50, 25 mai 2004.

OSMAÒCZYK, Edmund Jan. *Encyclopedia of the United Nations and International Agreements*, 2e édition, New York, Philadelphie et Londres, Taylor & Francis, 1990.

OXFAM INTERNATIONAL. *Deux poids deux mesures : Commerce, globalisation et lutte contre la pauvreté*, Oxfam, 2002.

OXFAM INTERNATIONAL. « Une tasse de café au goût d'injustice », communiqué de presse, 18 septembre 2002.

OXFAM INTERNATIONAL. *Bitter Coffee : How the Poor are Paying for the Slump in Coffee Prices*, document d'orientation d'Oxfam, Oxfam International, 2001.

OXFAM INTERNATIONAL. *Trading Away Our Rights : Women working in global supply chains*, Oxfam International, communiqué de presse, 19 janvier 2004.

PENDERGRAST, Mark. *Uncommon Grounds : The History of Coffee and How It Transformed Our World*, New York, Basic Books, 1999.

PERFECTO, I., J. VANDERMEER, P. HANSON et V. CARTIN. « Arthropod biodiversity loss and the transformation of tropical agro-ecosystem », *Biodiversity and Conservation*, vol. 6, juillet 1997, p. 935-945.

PERFECTO, I. et J. VANDERMEER. « Microclimatic changes and the indirect loss of ant diversity in a tropical agroecosystem », *Oecologia*, vol. 108, novembre 1996,

PROGRAMME DES NATIONS UNIES POUR LE DÉVELOPPEMENT (PNUD), *Rapport mondial sur le développement humain*, PNUD, De Boeck Université, 1999.

PROULX, Steve. *Boycott*, Montréal, Les Intouchables, 2003.

RAINFOREST ALLIANCE. *Annual Report 200*, New York, Rainforest Alliance, 2000.

RAINFOREST ALLIANCE. *The Conservation Coffee Campaign : Organizer's Kit*, New York, Rainforest Alliance, 1997.

RANDRIAMARO, Zo. *L'accord sur les ADPIC et le brevetage des semences : impact sur la sécurité alimentaire et les femmes en Afrique*, 12 septembre 2002.

RANSOM, David. « What's brewing », *The New Internationalist*, vol. 271, septembre 1995, p. 28-30.

REEVES, Hubert et Frédéric LENOIR. *Mal de Terre*, Paris, Seuil, 2003.

REEVES, Hubert. « L'homme : le seul être vivant apte à s'autodétruire », *Le Devoir*, 31 août et 1er septembre 2002, p. F7 et F14.

RICE, Paul D. et Jennifer McLEAN. *Sustainable Coffee at the Crossroads*, Washington, D.C., Consumer's Choice Council, 15 octobre 1999.

RICE, Robert A. et Justin R. WARD. *Coffee, Conservation, and Commerce in the Western Hemisphere*, Washington, Smithsonian Migratory Bird Center et Natural Resources Defense Council, juin 1996.

RITCHIE, Mark. « Free Trade versus Sustainable Agriculture : The Implications of NAFTA », *The Ecologist*, vol. 22, n° 5, septembre-octobre 1992, p. 221-227.

RITIMO et SOLOGRAL. *Pour un commerce équitable : Expériences et propositions pour un renouvellement des pratiques commerciales entre les pays du Nord et ceux du Sud*, Paris, Éditions Charles Léopold Mayer, 1998.

ROBINS, Nick, Sarah ROBERT et Jo ABBOT. *Sustainable Trade : Who benefits ?* Institut international pour l'environnement et le développement, 1999.

ROOZEN, Nico et Frans VAN DER HOFF. *L'aventure du commerce équitable : Une alternative à la mondialisation par les fondateurs de Max Havelaar*, Paris, JC Lattès, 2002, p. 47.

RONCHI, Loraine. *Fair Trade in Costa Rica : An Impact Report*, Bringhton, University of Sussex, février 2000.

ROSEBERRY, William et Lowell GUDMUNDSON (dir.). *Coffee, Society, and Power in Latin America*, Londres, The Johns Hopkins University Press, 1995.

SALAZAR, Hilda et Laura CARLSEN. *The Social and Environmental Impacts of NAFTA : Grassroots responses to economic integration*, Mexique, Red Mexicana de Acción Frente al Libre Comercio, 2001.

SCHLOSSER, Eric. *Fast Food Nation*, Boston et New York, Houghton Mifflin Company, 2001.

SEYBOLD, Patricia B. *The Customer Revolution : How to thrive when customers are in control*, New York, Crown Business, 2001.

SHRYBMAN, Steven. *The World Trade Organization: A Citizen's Guide*, Ottawa, Centre canadien de politiques alternatives, et Toronto, James Lorimer & Company, 1999.

SMITH, Adam. *An Inquiry into the Nature and Causes of the Wealth of Nations*, Oxford et New York, Oxford University Press, 1993.

SMITH, Linda Tuhiwai. *Decolonizing Methodologies: Research and Indigenous Peoples*, Londres et New York, Zed Books, 1999.

SPECIALTY COFFEE ASSOCIATION OF AMERICA. *1999 Coffee Market Summary*. Long Beach, Specialty Coffee Association of America, 1999.

ST-PIERRE, Éric. *Des peuples et du café*, Montréal et Messigny-et-Vantoux, Impression Québec & Nazca Édition, 2003.

STATISTIQUE CANADA. *Consommation des aliments au Canada: partie I*, n° 2, février 2001, p. 66.

STATISTIQUE CANADA. n° 32-229-XPB, Ottawa, juin 1999.

STIGLITZ, Joseph E. *La grande désillusion*, Paris, Fayard, 2002.

STRINGER, Ernest T. *Action Research*, 2^{e}édition, Thousand Oaks, Sage Publications, 1999.

TAILLE, Michel. « La Colombie mise sur l'équitable », *Libération*, 17 avril 2004.

THE ECONOMIST INTELLIGENCE UNIT LIMITED. « EIU Country Report 2nd quarter », 1999, p. 5.

THOMSON, Bob. *Mexican Farmers Fight with Fair Prices, not Guns: Food for Thought*, Ottawa, TransFair Canada, automne 1994.

TORTORA, Gérard. *Principes d'anatomie et de physiologie*, Montréal, Centre Éducatif et Culturel, 1988.

UCIRI. *¿Quienes somos?* Nuestro Caminar, Pasos (Ixtepec), n° 28, novembre 1991.

UCIRI. *Nuestra Historia*, Nuestro Caminar, Pasos (Ixtepec), n° 27, 1991.

UKERS, William H. *All About Coffee*, New York, The Tea and Coffee Trade Journal Company, 1922, 796 p.

UNCTAD, Secretary-General's remarks to Group of 77 meeting in Sao Paulo, document XI/6, 14 juin 2004, <www.unctadxi.org/templates/Press____536.aspx>.

UNITED STATES DEPARTMENT OF AGRICULTURE. *Tropical Products: World Markets and Trade*, Circular Series, FTROP 1-97, Washington, D.C., mars 1997, p. 110.

WACKERNAGEL, Mathis et William REES. *Notre empreinte écologique*, Montréal, Écosociété, 1999.

VAN DER HOFF, Frans. *Organizar la Esperanza*, Publication de la thèse présentée pour l'obtention d'un doctorat à l'Université Catholique de Nimega, Kampen, J. H. Kok, 1992.

WALLACH, Lori et Michelle SFORZA. *Whose Trade Organization?* Washington, D.C., Public Citizen, 1999.

WARIDEL, Laure. *L'envers de l'assiette et quelques idées pour la remettre à l'endroit*, Montréal, Écosociété, 2003.

WARIDEL, Laure. *Sustainable Trade: The Case of Coffee in North America*, mémoire de maîtrise, Victoria, Université Victoria, 2002.

WARIDEL, Laure et Sara TEITELBAUM. *Commerce équitable: Une poussée pour des échanges plus justes aux Pays-Bas, en Belgique, en Suisse et en France*, rapport de recherche, Montréal, Équiterre, 1999.

WARWICK, Hugh. « Trouble Brewing », *The Ecologist*, vol. 31, n° 6, juillet-août 2001, p. 53.

WILSON, E. O. « La biodiversité: Un enjeu planétaire », *L'Observateur de l'OCDE*, OCDE, 15 juin 2001.

WILSON, Maureen G. et Elizabeth WHITMORE. *Seeds of Fire: Social Development in an Era of Globalism*, Halifax, Fernwood Publishing, 2000.

WORLD WATCH INSTITUTE. *State of the World 2004. Special Focus: The Consumer Society*, New York et Londres, W.W. Norton & Company, 2004.

WRIGLEY, Gordon. *Coffee*, New York, Longman Scientific & Technical, 1988.

Adresses utiles

Dans Internet

- Action Group on Erosion, Technology and Concentration (ETC Group) : www.etcgroup.org
- Adbusters Magazine : www.adbusters.org
- Agence canadienne de développement international (ACDI) : www.acdi-cida.gc.ca
- Alternatives, réseau d'action et de communication pour le développement international : www.alternatives.ca
- Amnistie Internationale : www.amnistie.qc.ca
- Association québécoise des organismes de coopération internationale (AQOCI) : www.aqoci.qc.ca
- Audubon : www.seattleaudubon.org/shadecoffee/index.html
- Banque mondiale : www.banquemondiale.org
- Bureau d'audiences publiques sur l'environnement (BAPE) : www.bape.gouv.qc.ca
- Bureau de la concurrence (Industrie Canada) : www.concurrence.ic.gc.ca
- Café Rico : www.caferico.qc.ca
- Café Unidos : www.cafeunidos.org

- Campagne pour le commerce équitable des groupes OXFAM : www.maketradefair.com
- Carrefour tiers-monde : www.carrefour-tiers-monde.org
- Centre de recherches pour le développement international (CRDI) : www.idrc.ca
- Centre de solidarité internationale Saguenay–Lac-Saint-Jean : www.centreso.saglac.org
- Centre international de solidarité ouvrière (CISO) : www.cam.org/~ciso
- Coffee Talk Magazine : www.coffeetalk.com
- Commerce équitable Oxfam Québec : www.equita.qc.ca
- Commission du Codex Alimentarius : www.codexalimentarius.net/web/index_fr.jsp
- Commission de coopération environnementale de l'ALENA : www.cec.org
- Confédération paysanne : www.confederationpaysanne.fr
- Conférence des Nations unies sur le commerce et le développement (CNUCED) : www.unctad.org
- Conseil canadien pour la coopération internationale (CCCI) : www.ccic.ca
- Conseil des Canadiens : www.canadians.org
- Consumer's Choice Council : www.consumerscouncil.org
- Coop America's Sweatshop.org : www.sweatshops.org
- Cooperative Coffee : www.cooperativecoffees.com
- Corporate Europe Observatory : www.corporateeurope.org
- Corporate Watch : www.corpwatch.org
- Council on Economic Priorities : www.cepnyc.org
- De l'étique sur l'étiquette (Clean Clothes) : www.cleanclothes.org/index.htm
- Dix Mille Villages : www.villages.ca
- ECO-OK (certification) : www.rainforest-alliance.org/programs/cap/program-description3.html
- Éditions Écosociété : www.ecosociete.org
- Environnement Jeunesse (ENJEU) : www.enjeu.qc.ca
- Equal Exchange (USA) : www.equalexchange.com
- Équiterre (Québec) : www.equiterre.org
- Ethical Trading Initiative (ETI) : www.ethicaltrade.org

- European Fair Trade Association : www.eftafairtrade.org
- Fair Trade Federation : www.fairtradefederation.org
- Fair Trade Foundation (UK) : www.fairtrade.org.uk
- Fondation David Suzuki : www.davidsuzuki.org
- Greenpeace : www.greenpeace.ca
- Global Exchange : www.globalexchange.org
- Groupe Investissement responsable : www.investissementresponsable.com
- Hoover's Online : www.hoovers.com
- Human Rights Watch : www.hrw.org
- Institute for Agriculture and Trade Policy (IATP) : www.iatp.org
- Institute of Science in Society (ISIS) : www.i-sis.org.uk
- International Coffee Organization : www.ico.org
- International Federation for Alternative Trade (IFAT) : www.ifat.org
- International Forum on Globalization : www.ifg.org
- International Social and Environmental Accreditation and Labelling (ISEAL) Alliance : www.isealalliance.org
- McGill Business Watch : www.management.mcgill.ca/mbw
- Natural Capitalism : www.naturalcapitalism.org
- Observatoire des transnationales : www.transnationale.org
- Organic Consumers Association (OCA) : www.organicconsumers.org
- Organic Trade Association (OTA) : www.ota.com
- Organisation des Nations unies pour l'alimentation et l'agriculture (FAO) : www.fao.org
- Oxfam America : www.oxfamamerica.org
- Oxfam Canada : www.oxfam.ca
- Oxfam International : www.oxfaminternational.org
- Oxfam Québec : www.oxfam.qc.ca
- Pesticide Action Network North America (PAN) : www.panna.org
- Plan Nagua : www.plannagua.org
- Plate-forme pour le commerce équitable (France) : www.commercequitable.org/fra/plate.php
- Programme des Nations unies pour l'environnement (PNUE) : www.unep.org

- Programme des Nations unies pour le développement (PNUD) : www.undp.org
- Research Foundation for Science, Technology and Ecology : www.vshiva.net
- Réseau des écoles vertes Brundtland (CSQ) : www.csq.qc.net/section6/default6.html
- Réseau Interférences : www.interferences.net
- Secrétariat de l'ALENA : www.nafta-sec-alena.org
- Shared Interest : www.shared-interest.com
- Smithsonian Migratory Bird Centre (certification du café cultivé sous couvert forestier) : www.si.edu/resource/faq/nmnh/ecology.htm
- Social Investment : www.socialinvestment.ca
- Specialty Coffee Association of America (SCAA) : www.scaa.org
- Starbucks : www.starbucks.com
- Statistique Canada : www.statcan.ca
- Sustainable Harvest : www.sustainableharvest.com
- They Rule : www.theyrule.net
- TransFair Canada : www.transfair.ca
- TransFair USA (certification équitable) : www.transfairusa.org
- UCIRI : www.uciri.org
- Union paysanne : www.unionpaysanne.com
- Via Campesina : www.confederationpaysanne.fr/via.htm
- Van Houtte : www.vanhoutte.com
- Worldwatch Institute : www.worldwatch.org

Où trouver du café équitable...

- Pour connaître la liste des entreprises certifiées équitables : www.transfair.ca
- Pour connaître la liste des points de vente au Québec : www.equiterre.org

Pour s'impliquer...
AU QUÉBEC ET AU CANADA

AmiEs de la Terre de Québec
Québec, Québec
Tél. : (418) 524-2744
www.clic.net/~atquebec

Association québécoise des organismes de coopération internationale (AQOCI)
Montréal, Québec
Tél. : (514) 871-1086
www.aqoci.qc.ca

Carrefour tiers-monde
Québec, Québec
Tél. : (418) 647-5853
www.carrefour-tiers-monde.org

Centre de solidarité internationale du Saguenay–Lac-Saint-Jean
Alma, Québec
Tél. : (418) 668-5211
www.centreso.saglac.org

Centre canadien d'étude et de coopération internationale (CECI)
Montréal, Québec
Tél. : (514) 875-9911
www.ceci.ca

Comité régional d'éducation pour le développement international de Lanaudière (CREDIL)
Joliette, Québec
Tél. : (450) 756-0011
www.credil.qc.ca

Centre international de solidarité ouvrière (CISO)
Montréal, Québec
Tél. : (514) 383-2266
www.cam.org/~ciso

Club 2/3
Montréal, Québec
Tél. : (514) 382-7922
www.2tiers.org

Conseil canadien pour la coopération internationale (CCCI)
Ottawa, Ontario
Tél. : (613) 241-7007
www.ccic.ca

Développement et Paix
Montréal, Québec
Tél. : 1 888 234-8533
www.devp.org

Environnement Jeunesse (ENJEU)
Montréal, Québec
Tél. : (514) 252-3016
www.enjeu.qc.ca

Équiterre
Montréal, Québec
Tél. : (514) 522-2000
www.equiterre.org

Groupes de recherche d'intérêt public (GRIP) du Québec :

Université du Québec à Montréal (GRIP-UQAM)
Tél. : (514) 987-3000 poste 4077
www.er.uqam.ca/nobel/grip

Université McGill (QPIRG)
Tél. : (514) 398-7432
www.ssmu.mcgill.ca/qpirg

Université Concordia (QPIRG)
Tél. : (514) 848-7585
www.concordia.pirg.ca

Oxfam Québec
Montréal, Québec
Tél. : (514) 937-1614
www.oxfam.qc.ca

Oxfam Canada
Ottawa, Ontario
Tél.: (613) 237-5236
www.oxfam.ca

Plan Nagua
Québec, Québec
Tél.: (418) 521-2250
www.plannagua.qc.ca

Réseau des écoles vertes Brundtland (CSQ)
Montréal, Québec
Tél.: (514) 356-8888
www.csq.qc.net/section6/default6.html

Solidarité Laurentides Amérique centrale (SLAM)
Bellefeuille, Québec
Tél.: (450) 432 6086

STOP (Shaping Tomorrow's Organizational Practices)
McGill Business Watch
Université McGill
Montréal, Qc
mgmtiis4.management.mcgill.ca/mbw/

AUX ÉTATS-UNIS

Oxfam America
Boston, Massachusetts
Tél.: (617) 482-1211
www.oxfamamerica.org

Fair Trade Federation
Washington, D.C.
Tél.: (202) 872-5338
www.fairtradefederation.org

Global Exchange
San Francisco, Californie
Tél.: (415) 255-7296
www.globalexchange.org

EN EUROPE

Agir Ici
Paris, France
Tél. : 01 56 98 24 40
www.agirici.org

Artisans du monde
Paris, France
Tél. : 01 56 03 93 50
www.artisansdumonde.org

Association romande des Magasins du Monde (ASRO)
Lausanne, Suisse
Tél. : 21 661 27 00
Télec. : 21 661 22 20

Caritas Fairness Handel
Lucerne, Suisse
Tél. : 41 210 00 66
www.caritas.ch

Déclaration de Berne
Lausanne, Suisse
Tél. : 21 620 03 03
www.evb.ch

Ethical Trading Initiative (ETI)
Londres, Grande-Bretagne
Tél. : 020 7404 1463
www.ethicaltrade.org

European Fair Trade Association (EFTA)
Bruxelles, Belgique
Tél. : 02 217 36 17
www.eftafairtrade.org

Fair Trade Foundation
Londres, Grande-Bretagne
Tél. : 20 7405 5942
www.fairtrade.org.uk

ADRESSES UTILES

GEPA
Schwelm, Allemagne
Tél. : 233 3691 820
www.gepa3.com

International Federation for Alternative Trade (IFAT)
Bicester, Grande-Bretagne
Tel. : 18 6924 9819
www.ifat.org

Magasins du Monde Oxfam
Bierges, Belgique
Tél. : 010 43 79 50
www.madeindignity.be

Solidar'Monde
Vitry-sur-Seine, France
Tél. : 01 45 73 65 43
www.solidarmonde.fr

Fair Trade Organisatie
Culemborg, Pays-Bas
Tél. : 34 554 5151
www.fairtrade.nl

NEWS ! Network of European Worldshops
Mainz, Allemagne
Tél. : 6131 9066 410
www.worldshops.org

Plate-forme pour le commerce équitable (France)
Paris, France
Tél. : 01 40 05 95 06
www.commercequitable.org/fra/plate.php

AU MEXIQUE

Red de Consumidores de Cafe AC
Mexico, D.F.
Tél. : (55) 52 08 92 56
www.redcafe.org

ORGANISMES DE CERTIFICATION ÉQUITABLE

La liste complète peut être obtenue auprès de FLO

Fairtrade Labelling Organizations International (FLO)
FLO Secrétariat international
Bonn, Allemagne
Tél. : 228 94 92 30
www.transfair.net

FLO, certification du café
Utrecht, Pays-Bas
Tél. : 30 233 4602
www.transfair.net

Fondation Max Havelaar France
Montreuil Cédex, France
Tél. : 01 42 87 70 21
www.maxhavelaarfrance.org

Fondation Max Havelaar Belgique
Bruxelles, Belgique
Tél. : 02 213 36 20
www.maxhavelaar.be

TransFair Canada
Ottawa, Ontario
Tél. : (613) 563-3351, 1 888 663-3247
www.transfair.ca

Fondation Max Havelaar Suisse
Bâle, Suisse
Tél. : 61 271 75 00
www.maxhavelaar.ch

TransFair USA
Oakland, Californie
Tél. : (510) 663-5260
www.transfairusa.org

Commercio Justo México
Mexico, D.F.
Tél. : (55) 55 74 71 16
www.comerciojusto.com.mx

Les Éditions Écosociété
De notre catalogue

L'envers de l'assiette
Et quelques idées pour la remettre à l'endroit

LAURE WARIDEL

Manger est un besoin essentiel. Répété trois fois par jour, ce geste a pourtant des conséquences qui dépassent largement les limites de l'estomac. En effet, les habitudes alimentaires de chacun ont des répercussions sur la santé des gens, sur celle de la planète et sur les populations qui y vivent.

Ainsi, manger devient un geste hautement politique par lequel on peut exercer son pouvoir. L'envers de l'assiette est un guide alimentaire nouveau genre : engagé et socialement responsable. Son auteure y propose un éveil de la conscience sociale par les choix alimentaires. On y apprend qu'il est possible et simple de modifier son alimentation en s'inspirant de quatre concepts incontournables : les 3N-J (Nu, Non-loin, Naturel et Juste).

Chaque jour, nous avons le pouvoir de prendre part à ces solutions. Munis de fourchettes et de couteaux, c'est à nous de passer à l'action.

ISBN 2-921561-90-5
172 pages
Une coédition avec Environnement Jeunesse (Montréal)

Plaidoyer pour une agriculture paysanne

ROMÉO BOUCHARD
TEXTES D'APPOINT DE MAXIME LAPLANTE

La campagne est devenue une véritable usine. L'assujettir aux objectifs marchands d'une poignée d'entreprises ne peuvent que conduire à la destruction du milieu rural et de la santé collective.

Une nouvelle solidarité prend forme entre des agriculteurs biologiques, des citadins responsables, des transformateurs, des restaurateurs et même des producteurs conventionnels en vue de soutenir le développement d'une agriculture paysanne. Les paysans ne sont pas des gens d'affaires ; il créent le pays qu'ils habitent, entretiennent le territoire qu'ils occupent en l'aménageant, en le cultivant avec les leurs, pour en vivre et nourrir leurs concitoyens. Un tel programme implique des changements politiques importants. Quoi qu'en disent les adeptes de l'agro-business, l'agriculture paysanne n'est pas l'agriculture du passé, mais celle de l'avenir.

Roméo Bouchard est l'un des fondateurs de l'Union paysanne du Québec.

ISBN 2-921561-82-4
232 pages

Manger local
Un choix écologique et économique

HELENA NORBERG-HODGE,
TODD MERRIFIELD
ET STEVEN GORELICK

TRADUIT DE L'ANGLAIS PAR
GENEVIÈVE BOULANGER ET FRANÇOISE FOREST

Manger local est un livre-choc qui fait le tour d'une question qui touche la vie et la santé de tous les habitants de la planète : la situation actuelle de l'agriculture et de l'alimentation.

Partout dans le monde, l'agriculture et l'alimentation se trouvent au cœur d'une violente tempête, une tourmente qui prend sa source dans l'industrialisation et la mondialisation de la production agroalimentaire. Le système mondialisé qui se déploie actuellement est axé sur la production industrielle, la monoculture, l'exportation et l'utilisation massive de produits chimiques, et met en péril l'environnement, les économies locales et la santé des gens.

Un courant inverse au système mondialisé, prônant une agriculture de proximité – une agriculture locale, biologique, diversifiée et respectueuse de l'environnement –, s'amplifie de jour en jour à travers le monde.

ISBN 2-923165-07-1

Les batailles de l'eau
Un bien commun pour l'humanité

MOHAMED LARBI BOUGUERRA

L'eau est devenue une question politique et géostratégique majeure. Elle fait l'actualité dans les sommets mondiaux et les forums alternatifs. Elle commande le développement des collectivités.

Pour certains, elle est une banale marchandise qui doit générer des profits. Pour d'autres, c'est un bien commun de l'humanité, ayant une charge symbolique exceptionnelle dans toutes les cultures et toutes les religions.

L'eau a-t-elle un prix ? L'eau est-elle un droit ou un besoin ? Y a-t-il assez d'eau pour chacun face à la croissance démographique ? Y a-t-il une crise de l'eau ? Y aura-t-il demain des guerres de l'eau ? Faut-il s'inquiéter de la pollution de l'eau ? Les solutions techniques suffiront-elles à la juguler ?

L'auteur plaide pour une société économe en eau et pour une gestion globale solidaire de l'eau, dans la transparence et le respect des règles démocratiques.

Mohamed Larbi Bouguerra a été professeur à la Faculté des sciences de Tunis et directeur de recherche associé au CNRS (France). Il est en charge du Programme mobilisateur eau de l'Alliance pour un monde responsable, pluriel et solidaire.

Collection « Enjeux Planète »
ISBN 2-921561-92-1 (Canada)
240 pages

Graines suspectes
Les aliments transgéniques : une menace pour les moins nantis

ROBERT ALI BRAC
DE LA PERRIÈRE
ET FRANCK SEURET

Les vendeurs de semences transgéniques souhaitent-ils réellement soulager la faim ? La culture d'OGM entraîne-t-elle vraiment la réduction de l'utilisation des pesticides ? Les paysans, particulièrement dans le tiers-monde, sont-ils bien informés des enjeux ?

Dirigée par des firmes transnationales, la culture des plantes transgéniques menace la diversité des variétés locales sur lesquelles repose la sécurité alimentaire des communautés rurales du Sud et de l'humanité en général. En obtenant des brevets sur le vivant, ces firmes se l'approprient, au mépris de siècles de pratiques traditionnelles pendant lesquels une multitude d'espèces ont été améliorées par les paysans eux-mêmes. Mais ici et là, notamment dans les pays du Sud, des voix s'élèvent pour dénoncer cette menace.

Collection « Enjeux Planète »
ISBN 2-921561-74-3 (Canada)
220 pages

Le commerce de la faim
La sécurité alimentaire sacrifiée à l'autel du libre-échange

JOHN MADELEY
TRADUIT DE L'ANGLAIS PAR FRANÇOISE FOREST

La nourriture n'est pas une marchandise comme les autres. Il en va de la sécurité alimentaire de milliards d'êtres humains, que les tractations libre-échangistes internationales contribuent à dégrader de manière de plus en plus flagrante.

Le commerce de la faim démontre comment des instances internationales, telles que l'Organisation mondiale du commerce (OMC), ont subordonné un besoin essentiel de l'humanité – se nourrir – aux froides règles du libre-échange.

John Madeley est un spécialiste internationalement reconnu des questions d'environnement et de développement.

Collection « Enjeux Planète »
ISBN 2-921561-72-2 (Canada)
259 pages

Les mirages de l'aide internationale
Quand le calcul l'emporte sur la solidarité

DAVID SOGGE
TRADUIT DE L'ANGLAIS
PAR DANIELLE COLLIGNON
ET MARIE-CLAUDE ROCHON

L'aide internationale est une entreprise mondiale réalisant un gros chiffre d'affaires. Il s'agit pourtant d'une industrie en difficulté, qui compte peu de succès à son compte. Et on s'attend à ce qu'elle règle des problèmes inédits, toujours plus complexes. Supposée bienveillante et désintéressée, l'aide provoque plus de dommages qu'elle ne dispense de secours, et profite plus aux donateurs qu'aux destinataires.

Dans ce contexte, peut-on envisager de créer un véritable système d'aide, démocratique dans son exécution, adéquat dans ses actions, juste dans ses conséquences ? L'aide internationale est un enjeu qui concerne tout le monde, moralement et financièrement. Tout en répondant à ces questions, *Les mirages de l'aide internationale* propose une vision renouvelée et dynamisante de l'aide humanitaire.

David Sogge est professeur, membre du Transnational Institute (TNI) d'Amsterdam.

Collection « Enjeux Planète »
ISBN 2-921561-85-9 (Canada)
330 pages

La vie n'est pas une marchandise
Les dérives des droits de propriété intellectuelle

VANDANA SHIVA
TRADUIT DE L'ANGLAIS
PAR LISE ROY-CASTONGUAY

Nouveauté des années 1980, des brevets sur les êtres vivants sont désormais accordés. Brevets exclusifs sur toutes les cellules du cordon ombilical des fœtus et des nouveau-nés, sur le gène du cancer du sein, sur le gène de l'obésité... Main basse sur les plantes médicinales indigènes, et 190 animaux transgéniques en attente d'être brevetés !

L'écologiste de renommée internationale et spécialiste en politiques scientifiques Vandana Shiva brosse dans cet ouvrage un tableau éloquent des lourdes conséquences pour l'humanité, tant sur le plan moral qu'écologique et économique, de l'extension des brevets à tous les domaines.

L'auteure montre comment les géants du commerce mondial se servent du droit de propriété intellectuelle pour légitimer leur propriété exclusive des ressources et procédés biologiques utilisés depuis des siècles.

Écologiste de renommée internationale, Vandana Shiva dirige la Research Foundation for Science, Technology and Ecology.

Collection « Enjeux Planète »
ISBN 2-921561-93-X
159 pages

Quand l'utopie ne désarme pas
Les pratiques alternatives de la gauche latino-américaine

PIERRE MOUTERDE

Quand l'utopie ne désarme pas raconte comment et pourquoi d'importants mouvements socio-politiques s'emploient, envers et contre tout, à réinventer les possibles.

Prenant appui sur des reportages qu'il a effectués récemment, Pierre Mouterde témoigne ici de la réalité vivante de la Confédération des nationalités indigènes de l'Équateur, des zapatistes du Chiapas au Mexique, du Mouvement des sans-terre du Brésil et, enfin, des expériences participatives de la mairie de Porto Alegre, dans ce même pays. Il suggère que de ces mouvements pourraient peut-être émerger, là-bas comme ailleurs, des pratiques et discours de gauche qui soient à la hauteur des enjeux contemporains.

Ce livre révèle des mouvements sociaux qui dessinent des pistes d'avenir allant dans le sens d'un renouvellement et d'un approfondissement de la démocratie politique.

ISBN 2-921561-70-0
193 pages

Le grand banquet
La suprématie de la cupidité et de l'appât du gain

LINDA MCQUAIG
TRADUIT DE L'ANGLAIS PAR CLAUDE FRAPPIER

Le capitalisme a toujours eu pour moteur l'intérêt personnel. De nos jours, cependant, les choses vont plus loin : une véritable culture de la cupidité et de l'appât du gain s'est développée. Toute action de nature collective visant à refréner ces pulsions au nom du bien commun est aujourd'hui taxée de rétrograde par les tenants du nouveau capitalisme.

C'est uniquement au cours des siècles récents et dans certaines parties du monde qu'on a accordé, non sans heurts, une place prépondérante à la cupidité et à l'appât du gain : il s'agit là de l'avènement du capitalisme, une transformation en profondeur de la société.

La résistance aux effets dévastateurs du capitalisme et la persistance d'activités non marchandes nous montrent pourtant qu'il est encore possible de vivre autrement, que l'être humain n'est pas unidimensionnel.

Linda McQuaig est journaliste et vit à Toronto. Chroniqueure au *Toronto Star*, elle est l'auteure de nombreux essais.

ISBN 2-921561-98-0
327 pages

Faites circuler nos livres.
Discutez-en avec d'autres personnes.
Inscrivez-vous à notre Club du livre.
Si vous avez des commentaires, faites-les-nous parvenir; il nous fera plaisir de les communiquer aux auteurs et à notre comité éditorial.

Les Éditions Écosociété
C.P. 32052, comptoir Saint-André
Montréal (Québec)
H2L 4Y5

Courriel : info@ecosociete.org
Toile : www.ecosociete.org

NOS DIFFUSEURS

EN AMÉRIQUE	Diffusion Dimédia inc. 539, boulevard Lebeau Saint-Laurent (Québec) H4N 1S2 Téléphone : (514) 336-3941 Télécopieur : (514) 331-3916
EN FRANCE ET EN BELGIQUE	DG Diffusion Rue Max-Planck, B.P. 734 F-31863 Labège CEDEX Téléphone : 05 61 00 09 99 Télécopieur : 05 61 00 23 12 Courriel : dg@dgdiffusion.com
EN SUISSE	Diffusion Fahrenheit 451 Rue du Valentin 11 1400 Yverdon-les-Bains Téléphone et télécopieur : 024 420 10 05 Courriel : fahrenheit_451@bluewin.ch

---

Achevé d'imprimer en janvier 2005 par les travailleurs
et les travailleuses de l'imprimerie Gauvin, Gatineau (Québec), sur papier
certifié Éco Logo contenant 100 % de fibres post-consommation.